为纪念四十年来和母亲在海外宣扬中华文化
特将其所写的德文诗翻译成中文永志怀念

Du kannst tausend Li wandern,
ohne einen Stern zu sehen.
Am Morgen jedoch vor deiner Tür,
in jedem Tautropfen eine ganze Sonne finden.

追星圆梦
梦醒星灭
万千露珠
万千朝阳

史玉山

老子闹天辟地

问答道德经

（德）代曦 编著

中原农民出版社
·郑州·

图书在版编目（CIP）数据

问答道德经 /（德）代曦编著. — 郑州：中原农民出版社，2022.12

ISBN 978-7-5542-2577-6

Ⅰ.①问… Ⅱ.①代… Ⅲ.①《道德经》- 注释 Ⅳ.① B223.12

中国版本图书馆 CIP 数据核字（2022）第 237990 号

问答道德经
WENDA DAODEJING

出 版 人：	刘宏伟
策划编辑：	陈彩彩
责任编辑：	陈彩彩
责任校对：	张晓冰
责任印制：	孙　瑞
封面设计：	胡轩昂
出版发行：	中原农民出版社
	地址：郑州市郑东新区祥盛街 27 号 7 层　　邮编：450016
	电话：0371-65753859（发行部）　0371-65788678（编辑部）
经　　销：	全国新华书店
印　　刷：	新乡市豫北印务有限公司
开　　本：	889 mm×1194 mm　1/32
印　　张：	11.25
字　　数：	271 千字
版　　次：	2022 年 12 月第 1 版
印　　次：	2022 年 12 月第 1 次印刷
定　　价：	68.00 元

如发现印装质量问题，影响阅读，请与印刷公司联系调换。

版权所有·侵权必究

序言

　　1972年是我一生中最重要的一年，似乎从那年起，我的人生才开始。那年正值大学毕业，好友多报考研究所，邀我同去报考。当时我只想先服完兵役，然后外出留学，就没理会这事。直到报名截止的最后一天，英贤兄又来劝说，先报个名，到时不去考就是了，若现在不报名，届时想考都没机会了。听后也觉得有道理，于是就报了名。后来预备军官没考上，考上了研究所，就这么进了台湾中国文化学院德文研究所。

　　所里请了位德国客座教授史玉山女士（Carla Wiechert-Steenberg）给我们上德国现代文学。她想学中文，刚好三位研究生中只有我住校，就被选上。她是位热爱中国文化的记者，知道我每天清晨都练太极拳，于是加入我们练拳的行列。就在那年除夕，经萧师毅院长安排，她收我为义子。数年后正式建立母子关系，从此开始了我们的文化传播之路。

　　1976年我来到德国海德堡大学就读。由于自己喜欢唱歌，就在斯图加特跟声乐教授海尔姆特·立普斯（Helmut Lips）先生学习声乐技巧。约六年后教授认为我可以登台了，从此我开始在各地开演唱会，专唱中国民谣和中国艺

术歌曲。当时遇到了一个困难，德国朋友听不懂中文，因此我就和母亲合作翻译歌词。由于母亲文学修养好，出版社看中了她译的歌词，特别为她出版了诗集《四君子》。几年后又被一家唱片公司看中，该公司也出了张关于茶道、诗词与中国歌曲的唱片。

中国人讲究的是诗中有画，画中有诗。为此，我特别找了书画家张恒先生，请他为诗集作画。他不但没要任何报酬，还把画全部送给竹桥书苑当作纪念。为了答谢他的盛情，1984年特别为他在南德举办个人巡回画展。

和画家同来的还有一位红牌茶艺师，同时也是裱画师，他就是家兄胡轩昂先生。我们兄弟二人共同在海外打拼，没有他的牺牲奉献，文化活动是无法拓展的。画展时画家挥毫，他当场表演托画。家兄平时开课教中国茶艺，他也是第一位把中国茶艺介绍到欧洲来的人，从此奠定了竹桥文化活动的根基，于是和家兄开始在各地举办画展，展出期间举办各种文化活动，诸如演讲、茶道、音乐会、太极拳、国画等。为了更进一步提升文化活动的质量，母亲和我共同写书介绍太极拳、茶道、文人画、诗词等。

四十年来我和母亲齐心合力宣扬中国文化，2014年她离我而去。我独自在她的祭台旁静思，自己今后该如何继续此项有意义的工作，最后决定把那些尚未做完的工作继续完成。曾经和母亲翻译过《道德经》，但遇到许多困难未能继续。于是再度拿起《道德经》，不知是何缘故，以往觉得难懂的地方突然懂了。更奇妙的是十几年来在屋里养的二十多盆春兰，每年均在春节前后开花，无一例外。2014年圣诞节时，竟然有一盆兰花长出花苞，比其他的兰花早了近三个月，这不得不让我感到震惊。经此奇异事件，我决定翻译《道德经》。

我所遇到的第一个问题是《道德经》历经两千多年，国内外不知有多少学者翻译注解过，若我译得和大家一样，还不如不译。可译出新意又谈何容易！因此决定避重就轻，先译成德文再说。两千多年前书写工具尚不完善，因此写作时惜墨如金，能省则省，如发电报一般，常会省略一些字，这些字在当时或许作者认为不重要，却造成今日翻译上的困惑，例如第六十三章的"是以圣人犹难之，故终无难矣"。再加上没有标点符号，主语的省略等，这才发觉译成德文比译成现代汉语还困难。但也因为这个缘故，我发现了不少前人未发现的问题，例如第十五章的"夫唯不可识故强为之容，豫焉。若冬涉川犹兮，若畏四邻俨兮"等。

这一发现更增进了我的信心，原来中文现代汉语本也有不少值得探讨的地方，于是一改往日的想法，决定正本清源，暂时不再继续翻译德文，先把中文本读懂，再重新注解，最后翻译成德文。这时我遇到了第二个问题，《道德经》为什么这么难懂？几经思虑才发觉，最大的原因就是不了解"德"字的含义，非常笼统地把许多模糊的观念，全部当成"道"来解释。当我把中文注释第一遍时，还是不了解"德"字的含义。在注释第二遍时，注释到第二十一章"孔德之容"才恍然大悟：原来"道"与"德"同为一物，"道"存在于虚无缥缈间，道一进入器物内，就不再称为道，而被叫作德。了解德的含义后就越翻译越顺，例如第一章中"无名天地之始"指的是道，"有名万物之母"指的就是德。常无欲以观"道"之妙，常有欲以观"德"

之徼。两者（道德）同出而异名，同谓之元。这些例子很多，请读者多留意。"德"字才是了解本书的关键字，因此特别在序言中提出说明。

以往认为不懂老子就别去翻译《道德经》。随着年岁增长，发觉自己能力有限，想不翻译错也很困难。只能退而求其次，心想只要能找出一些前人所未翻译出的理念，让读者能更进一步了解老子，我的愿望就算达到了。翻译不当的地方自有后人会出来指正。千年以来的众多作者，都有一个共同的心愿，就是想把真实的老子介绍给大家。

坊间翻译版本多认为，《道德经》历经两千五百多年，抄写时往往容易出错，作者就根据不同版本去校正，选出认为较合理的解释。这些更正之处，往往就是最难懂的地方，也是问题症结之所在。例如第十五章"其若容"改为"其若客"，"蔽不新成"改为"蔽而新成"；第三十九章"致数舆无舆"改为"至誉无誉"等。笔者选择了台湾中华书局印行的《老子》（王弼注）作为模板。他的注释也成了我的指明灯，给了我很大的启示和帮助。为了尊重作者，未敢更动一字。虽然在翻译时也遇到了困难，但宁可错译，也不去更改该版的文字。

老子和孔子都处于述而不作的时代，因此本书有些地方也采用对话问答形式（见第十三章）。《论语》主要是用问答体裁写的，所不同者，《论语》把学生提的问题和孔子的回答一并列入书中，因此简明易懂；而老子没有学生在旁帮忙书写，故未把提问者的问题列入，仅写出老子给的答案，因此常有前后文似乎不连贯的现象。其实老子的逻辑性很强，前后文常相互呼应，只是读者没发觉罢了。

建议在遇到难理解的句子时，不妨分段提出假设性的问题，理出前后文的关系，或许就会懂了。

不同的断句形成了不同的解释。由于《道德经》原文并没有断句，因此每章开头的原文部分笔者全未加入标点符号，但在释义部分的原文中则采用了笔者自己的断句方式，希望能增进了解。原文共计有八十一章，每一章都没有标题。河上公为《道德经》八十一章都加了标题，其后也有不少注者加入不同的标题。或许《道德经》实在太难，若标题能增进读者对本书的了解还是有价值的，故而加入了标题。尚祈海涵！

西方为了能让群众直接与神交往才有了马丁·路德翻译的《圣经》，笔者也期待人人能读《道德经》，因此将传统翻译的形式改为教学式的问答，由学生提问，笔者充当教师代答，希望能帮助读者更进一步地认识老子。鉴于国内有儿童读经的良好风气，师生问答也可以变为亲子对话，让《道德经》也能进入千家万户。

至于参考书，仅用了当年来德国时带在身边的王弼注本和余培林译注的读本，另外又参考黄元御写的《道德悬解》（中国中医药出版社）。由于本人教了三十多年的太极拳，对于《道德经》的了解，绝大部分是从中国武术的内家拳理中体悟出来的，而不是单靠图书。文字往往可以照翻，但找出适当的实例来举证实属不易。

举两个从教拳中悟出的例子：大家都知道，鲑鱼长大后要游回到它们的出生地产卵，经常会碰到落差较大的溪流，它们必须跳上去，它们用的就是无为而无不为的方法。当水往下落时（无为）力量加大，一碰到硬石头就会反弹

上去（无不为），鲑鱼在水中能分辨不同的水流，就是利用这种反弹的水流，跃上溪涧，继续往上游。牛顿看见苹果只会往下落却不往上飞，经过锲而不舍的钻研，终于发现了万有引力定律。同样的问题老子却从相反的角度来分析，创造出"无为无不为"的哲理。老子认为苹果往下落就叫"无为"，当其下落时四周会产生各种不同的气流，即"无不为"，所谓反者道之动，进而完成了《道德经》的玄学体系。

武术不但让我进一步认识了《道德经》，也帮助我学习了声乐，并使我理出了一条中国武术与声乐之路，即不以美声或民俗唱法来分类，而从气的本质出发，按气的清浊，理出清气与浊气两种唱法，谁能分辨气之清浊，必能事半功倍唱出更好的歌声。武术还可以应用于各种运动竞技，帮助我们学习各种乐器等，效果奇佳。很多年轻人都希望能创新，但创新需要理论基础，中国武术就是一片尚未开发的园地，这也是中国人特有的瑰宝，希望大家能好好地利用，把中国武术推向世界。于此郑重推荐武学中的经典之作《孙禄堂武学录》。武术的目的不是战胜别人而是战胜自己。有机会再和大家共同探讨中国武术如何与世界文化接轨的实用问题。

感谢中国工艺美术大师张广庆先生，他曾两次受邀来德国在玛瑙花岛、林登博物馆、维也纳等地举办个展。承蒙他为本书题字，令本书增色不少。经易学大师何国栋先生介绍，结识了马海法先生，他是出版界的前辈，经他四处奔走，本书得以出版，于此也一并献上感谢！

于此还要特别感谢老友杜英贤教授，是他当年劝我去考研究所,改变了我的一生。后来他进到哲学研究所,当我开始翻译《道德经》时,他也给我不少鼓励。等我翻译完后,他又逐章逐字和我讨论,并提出了不少宝贵意见。例如老子在书中用了两个不同的字来代表"知"和"智",经他这一提醒,埋藏在心底多年的问题迎刃而解,原来知和智的含义完全不同。

读懂了《道德经》后才知这是一本中国人的"创世记",中国哲学史的演变也尽在其中,禅宗的"不立文字"与王阳明的"格物致知"就是老子的"不言之教";佛家主张的无分别意识,是《道德经》中的同出而异名;辩证法就是"反者道之动"的再现;等等,都是很好的实例。老子在人性问题上和孔子不一样,孔子重视知人,老子则重自知,故曰"知人者智,自知者明"。《道德经》的字数虽然不多,但其内涵之丰富,实非其他书可比。

《道德经》最深奥的部分就是老子的宇宙论和生命起源论,为此另写专文总论探讨,供大家参考。

好友有如一本好书,可以终身陪伴你,希望这本书也能成为大家的好友!也欢迎大家来信 daixi@hu101.com,我们共同探讨本书内容。

代曦
二〇二〇年二月二日　作于兰轩

目 录

引　言 ……………………………………	一
第一章 …………………………………	九
第二章 …………………………………	一五
第三章 …………………………………	二三
第四章 …………………………………	二七
第五章 …………………………………	三二
第六章 …………………………………	三五
第七章 …………………………………	四〇
第八章 …………………………………	四四
第九章 …………………………………	四八
第十章 …………………………………	五一
第十一章 ………………………………	五六
第十二章 ………………………………	五九
第十三章 ………………………………	六二
第十四章 ………………………………	六六
第十五章 ………………………………	六九
第十六章 ………………………………	七五
第十七章 ………………………………	七九
第十八章 ………………………………	八三
第十九章 ………………………………	八六
第二十章 ………………………………	九六
第二十一章 ……………………………	一〇三

第二十二章	一〇九
第二十三章	一一二
第二十四章	一一七
第二十五章	一二〇
第二十六章	一二九
第二十七章	一三二
第二十八章	一三七
第二十九章	一四〇
第三十章	一四四
第三十一章	一四七
第三十二章	一五〇
第三十三章	一五三
第三十四章	一五七
第三十五章	一六〇
第三十六章	一六二
第三十七章	一六六
第三十八章	一六九
第三十九章	一七四
第四十章	一八一
第四十一章	一八四
第四十二章	一八九
第四十三章	一九五
第四十四章	一九七
第四十五章	一九九
第四十六章	二〇三
第四十七章	二〇五
第四十八章	二〇八
第四十九章	二一一
第五十章	二一四

第五十一章……………………………………	二一八
第五十二章……………………………………	二二一
第五十三章……………………………………	二二四
第五十四章……………………………………	二二七
第五十五章……………………………………	二三二
第五十六章……………………………………	二三五
第五十七章……………………………………	二四〇
第五十八章……………………………………	二四三
第五十九章……………………………………	二四七
第六十章………………………………………	二五〇
第六十一章……………………………………	二五三
第六十二章……………………………………	二五六
第六十三章……………………………………	二六一
第六十四章……………………………………	二六六
第六十五章……………………………………	二七〇
第六十六章……………………………………	二七四
第六十七章……………………………………	二七七
第六十八章……………………………………	二八〇
第六十九章……………………………………	二八三
第七十章………………………………………	二八七
第七十一章……………………………………	二八九
第七十二章……………………………………	二九一
第七十三章……………………………………	二九四
第七十四章……………………………………	二九七
第七十五章……………………………………	二九九
第七十六章……………………………………	三〇二
第七十七章……………………………………	三〇四
第七十八章……………………………………	三〇九
第七十九章……………………………………	三一二

第八十章……………………………………… 三一五
第八十一章……………………………………… 三一八
总论……………………………………………… 三二三
图例……………………………………………… 三三四

引 言

同学们，你们一定都希望能遇到神仙，更盼望神仙会送你们一本秘笈，教大家绝世武功吧。但不知道大家有没有想过：神仙送的秘笈是用什么文字写的？是希腊文、拉丁文、阿拉伯文还是中文？你们能看得懂吗？

如果中国神仙要送我们秘笈，当然是用中文啦！那还用说！

其实世界各地的神仙有着共同的文字。

怎么可能？

不知大家有没有听说过，神仙送的书都有个共同的书名，叫作"无字天书"。既然是无字，那么全世界的文字就都统一了！再问大家一个问题，天书是谁写的？

当然是神仙写的。

那这位神仙是中国人还是外国人？

从来都没去想过这个问题！难道神仙也有不同的国籍？

神仙有没有国籍之分，老师也不知道，只能让大家去猜了。信则有，不信则无。西方人说世界是神创造的。我们中国人是怎么说的，谁知道？

我们认为世界是由盘古开天辟地创造而成的。

这么说来，东西方各有其不同的造物主，那就可以说，神也有不同的国籍。其实"无字天书"的作者既不是东方的神,也不是西方的神,它是大自然和人类共同完成的,就连你我都有可能成为"无字天书"的作者。

啊?怎么我们也有可能是作者?

每个人在出生时,大自然都会送给他一本"无字天书",终身陪伴着他。"无字天书"其实就在我们的生活中,始终没有离开过我们,谁都能随时随地与天书交谈,至于能不能懂就看个人的悟性了。

老师您越说我们越糊涂了,既然是无字,怎么会有人看得懂?又说它始终没有离开过我们,和我们生活在一起,还要看各人的悟性……可不可以请老师给我们举个实际的例子,这样比较容易懂。

好!老师就举一个非常有名的例子。有一天,牛顿在苹果树下乘凉时,见到苹果从树上掉了下来。他心中突然产生了一个疑问:为什么苹果不往上飞,却只往下掉?这个问题真够无聊了吧?经其锲而不舍地钻研,终于发现了万有引力定律,被称为"现代科学之父"。听了这个例子你们应该懂得什么叫无字天书了吧?

老师,我们还是不懂!

无字就是无言或无语的意思。天书上记载着上天想要告诉我们的秘密,由于上天不说话,因此要靠每个人自己去领悟。牛顿看到苹果往下掉,那是生活中再普通不过的事,谁都有机会碰到,不需要特别去寻找,自家果园就有,一切不假外求。但是为什么只有他能领悟上天的启示而别人不会想到?现在你们懂得什么是"无字天书"了吧?

噢!原来这就是"无字天书"啊!居然这么简单!

对!这就叫"无字天书"!它既是最简单的,也是最困难的。"无字天书"可分为上、下两集,上集就是收集了无数古圣先贤思想的精华,写成的一本有字有图画的"天书集解",牛顿的万有引力定律、老子的《道德经》和孔

子及其弟子的《论语》等都记载在里面。读别人写好的答案当然简单。下集就特别难了！都是那些前人尚未解答或尚未发现过的问题，需要后人自己去发掘、自己提出解答，这可就难了，要靠每一代人继续努力方能实现。事实上从我们来到这个世界开始，老天（大自然）给了我们每人一本"无字天书"，要每个人自己去发掘"天书"的问题、自己提出解决的方法。当我们离开这个世界时，只要看看自己的天书作业簿，发现了多少问题、解决了多少"天书"的难题，就知道自己的生命价值有多少。这也可算是天地给我们的"地球身份证"，在离世时，是要缴回去的。若你的答案被收入天书上集，你就能万古流芳。

今后你们应当留意，"天书"就是大自然，是终身陪伴着大家的，每位都应该从个人的生活中去发掘问题、找出问题的答案，这就是生命的意义所在。你们这一代所能解答的天书难题，都会被记载在天书的上集中，这就叫作文化传承。上集也可以说是一部人类文明史。

噢！原来是这样！老师，这是不是您经常对我们说的"不要去模仿，要努力学习创新"？

对！就是这个意思。只有创新的东西才能记入你自己的"天书"中，你也就成了"天书"的作者之一。希望大家都能成为天书的作者，共享无尽的星空！

老师，我们常听人说，"西方人喜欢创造发明，中国人喜欢模仿"，这话说得对不对？

这句话说得不对，但也可以说对。

为什么？

西方人怎么批评我们，并不是最重要的，因为他们不懂中国文化。最糟的是我们自己赞同了这些评语，当然就无法澄清误解了。

老师，这是什么意思？

其实中国文化有两根擎天柱，那就是孔子和老子的哲学思想。老子在《道德经》第三十三章中所提出的两种不同的"知"，就解释了孔、老思想的不同："知人者智，自知者明。""知人"的"人"字可以当他人或人性来解释。孔子的哲学思想主要就是在讨论人与人之间的关系，也就是在探讨人性的问题。懂得这类人际关系学问的人，老子称他们为智者。而老子所追求的"知"和孔子的"知"有很大的不同。老子所要追求的是明，而不是智，故曰"自知者明"。何谓自知？自知有两个意思，若从孔子人性观点来看，自知就是自己要认清自己，就是大家常说的人要有自知之明的意思。而老子的自知是指先要自己能发现问题，自己来解决问题，这样获得的"知"才叫自知之明，"明"字可以解释为亮点或发明，这就是"智"和"明"的不同之处。

　　原来孔子和老子思想不同的关键，就在认知上，孔子强调知人之智，老子重视自知之明。这和中国人爱模仿有什么关系？

　　无论是追求智还是明，所用的方法都是模仿，前者是模仿圣人，后者是模仿天地自然。由于都是模仿，所以说中国人喜欢模仿也不为过。

　　那老师为什么又说中国人强调创新？

　　模仿可以分成好多种，孔子主张模仿圣人，犹如绘画中的仿古一样，照着前人的范例，中规中矩地去做就行。老子则不赞成去模仿圣人，而是主张模仿大自然。人与大自然本为两件不同的事物，无法完全比照应用，因此无法死板模仿，只能够活用。故以自然为师首先是要能从自然中发现亮点，就是所谓的找灵感。仅就此点而言，就已经够困难的了，然后还要求把这个发现应用到生活中，这更是难上加难。完全是一种从无到有的发明过程，这就是老子主张的创新。可惜很多国人不解老子的哲理，误以为中国文化都是独钟模仿，孔、老皆不例外，都不重视创新，此乃对传统文化的误解之一。

老师，您不是在和我们讲"无字天书"的道理吗？这些和老子有什么关系吗？还从未听过老子讲过"无字天书"的事。

《道德经》第二章是这样说的："圣人处无为之事，行不言之教。万物作焉而不辞。"不知道你们是否能看出这句话和"无字天书"有何关系？

老师前面说过，"无字"就是无言或无语的意思，"天书"是不会说话的，那不言应该就是不会说话的意思。那就是说，不用言语来教导我们，对吗？

答对了！不言之教就是"无字天书"的意思。大自然不会说话，因此用自然中的例子来和人类交流。了解到自然想要告诉我们的亮点，进而提出解决问题的方法，这就是不言之教，其效果不正和给人以"无字天书"完全一样？老子的整个教育思想就是不言之教，如果古人当年就能遵此原则，建立起中国人的教育制度，那中国的科技早就腾飞了。事实上西方的科技正是依照不言之教的方法来创新发明。幸好现代中国教育也在不知不觉中走向老子的不言之教，中国人的发明潜力也井喷式地爆发出来。

老师，这种不言之教的解说还真是第一次听到，老子居然这么厉害！即使从现代教育思潮来看，不言之教仍不失为最新的教育理论，可是我们的至圣先师不是孔子吗？

对！这就是孔子的伟大之处。每当和外国朋友谈到中华文明源远流长，五千年来从未间断过，外国朋友就说西方文化从希腊罗马延续至今也从未间断过，这有什么不同？

对呀！这有什么分别？

世界各大文明都离不开精神文明与物质文明，中西皆然，只是所占分量多寡不同而已。物质文明是以物质为主，

最具代表性的就是科技，若说西方文明是以科技为主的文明实不为过，科技发展日新月异，新的发明出现，旧的发明就被淘汰。媒体网络就是最好的例子，它是随着物质而改变，因此缺少连续性。精神文明则是以人为主，它是随着人性的改变而改变，若人性从古至今没变过，那它就不需要去改变，因此它有延续性。世界上把人性发挥得最透彻的哲学家就是孔子，中华文明能够千古不变，孔子厥功至伟。

那老子呢？

孔子探讨的重点是人与人的相处之道。老子的重点是研究人与自然的关系，寻找出自然之常理，作为人类行为的准则，只要自然的本质没变，老子的学说就有其必要性和延续性。中华文明源远流长，五千年来从未间断，孔子和老子均功劳很大。孔子追求仁义，老子追求天人合一；孔子可谓至圣先师，老子则为中国创新之祖、科技之父。西方到17世纪才由笛卡儿提出"我思故我在"的理念，至今还被世人歌颂标榜，并作为独立思考和创新的典范。殊不知，老子在两千五百年前就提出了更先进的理念"不言之教"，许多国人居然不知而去盲目崇洋，这才是最可悲的！现在你们应该也知道老子的伟大了。

老师，如此重要的理论，两千五百多年前就有了，真是不可思议。那《道德经》中还有没有什么宝贵的哲理是我们至今还没有重视的呢？

这个问题问得很好！《道德经》是老子在两千五百年前写的。那时科技不发达，交通不便，大家的生活都很简单。能识字的人估计也不会多，再加上那时的书写工具尚不发达，要想写作更非易事。

老子和孔子都是处于述而不作的时代，因此他们书写的体裁也都有些类似对话问答。所不同者，《论语》把学生提的问题和孔子的回答，一并列入书中，因此简明易懂。而老子没有学生在旁帮忙书写，故未把提问者的问题列入，仅写出老子给的答案，因此常有前后文似乎不能连贯的现象。再加上当时还未使用标点符号来断句，全书更显得扑朔迷离，特别难懂。虽然两千多年来众多学者努力不懈地研究，但是至今仍有许多千年难解之处。

　　能不能讲几个有代表性的例子给我们听？

　　最有代表性的例子就是本书的书名：道德经。什么是道？什么是德？大家都专注于阐释道字，把许多模糊的观念，全部笼统地当成道来解释。

　　老师，《道德经》的"道德"不就是我们平日所讲的仁义道德吗？

　　不是的！我们平日所讲的道德和儒家思想中的仁义有关，指的是品德修养。而道家所讲的道、德是指万物生命的起源和其成长发展的历程，老子所说"道生之德畜之"，意思就是说，道赋予万物生命，是万物从无生命状态变到有生命的枢纽，也是一切生命的起源。德则是畜养孕育万物的根基，简单地说就是生活，道生我，德养活我，这和儒家的讲法完全不同。

　　您这么一说我们有些糊涂了。那我们一天到晚挂在嘴边的德字，老子是怎么解释的？

　　说来惭愧，开始老师也不知道老子所讲的德是什么意思。我本想把《道德经》翻译成德文，介绍给德国朋友。中文和德文最大的不同，就是德文有很严谨的文法，而中文相对自由。中文常把主词省略，而德文却不行。严谨的文法强逼着我去思考，老子到底是在跟谁讲话。这才发觉我连中文的《道德经》都还没读懂，怎么能够翻译成德文。经多年钻研，始知答案就藏在第一章。老子开宗明义就为我们阐释了道、德和自然的关系。不懂第一章就无法读懂《道

问答道德经

德经》。

　　首先要和大家说明几点，不同版本，受到古代政治上避讳的要求，往往会更改一些字，但意思却没改变。例如：清朝时人们为避康熙皇帝玄烨之讳，故将玄字改为元。但其含义则都有开始的意思。我用的版本是中华书局出版的王弼注《老子》，估计是清朝时发行的版本，因此把玄字全改为元字，请大家在读的时候一定要留意。

　　为使《道德经》能够大众化，本书采用了师生对话的方式一问一答，以能增进大家对《道德经》的认识。为了让大家能发挥自己的想象力，在每一章的开头都保留了老子的原文，也没有加入标点符号，目的是让大家也试试，根据自己的理解，标出自己认为合适的标点符号；在每章的后半部分老师都会把自己的断句方式和对原文的解析写出，供大家比较、参考。下面我们就正式开始读《道德经》。

第一章

【原文】

道可道非常道名可名非常名
无名天地之始有名万物之母
故常无欲以观其妙常有欲以观其徼
此两者同出而异名同谓之元
元之又元众妙之门

【问题讨论】

有没有什么不懂的字?

老师,别的字都懂,就是不知道"徼"是什么意思。

要想读懂《道德经》,先要了解"无"和"有"这两个字。"无"是没有开始,也就没有结尾。例如,无生就无死,就无法知道"无"的发展与变化。有生则有死,"有"的变化,从生到死大家都能明了。"徼"是边或极致的意思,生的极致就是死。"观其徼"就是观看万物归根复命、从生到死的生灭变化。还有不懂的地方吗?

每个字都懂了,但就是不知道老子到底想要讲什么。一般书上都是这么注解的:

可以解说的道,就不是常道;可以讲出来的名,就不是常名。"常"字一般都注解为永久不变的意思。虽然看了注解,仍然不懂:什么是可道之道、可名之名?什么是常道、常名?能不能请老师给我们解释一下?

上面和大家提过,想要读懂《道德经》,要先了解"无"和"有"这两个字。让我们先不去看第一章。老师先和大家共同讨论另外一个问题:什么叫作"空"?

空就是无,无就是空。

再问你们一个问题:所有的空是不是都一样?有没有什么区别?

"空就是无,既然是没有,那就什么都没了,一切都是一样的了。若有不一样的空,就不能再叫空,而是变成无和有了。老师不是说过,世界上文字固然很多,但是天书的文字却只有一种,就叫无字,不也是无吗?"全班顿时鸦雀无声,静看老师的反应。

你回答得很好!空是只有一个,到哪儿都是空,不可能换了个地方就不叫空了。老师再问你一个问题:这里有个还没有充气的气球，气球的外面是空，里面还不是空，可以说是里外分明。当我把气吹进气球里面，请问气球外面的空和里面的空一样吗？

虽然里外都是空，但看起来原先是死死板板的，现在则是一个会蹦会跳的活气球。外面的空是开放性的，里面的空却是封闭式的。前者的空是无形无象，后者的空是存在于形体内。到底这两种空是否一样，我们也弄不清楚了。从本质上来看，应该还都是一样的空才对。

再提一个问题，看大家怎么回答：地上有很多大小不同的洞穴，里面当然是空的。平时寂然无声，但当大风起时，不同大小的洞穴就发出不同的声响，这又是什么空？

刚刚讲的空分里外，分活泼与死板、有形与无形；现在讲的是有声与无声、动与静。

没想到空能有那么多的变化。老师还是请您来说吧，到底有几种不同的空？

"空"其实只有一种，但是它的作用却是因形体而异，无法限量。在球里叫气，在洞穴里叫风，在动物或人体内叫呼吸，在天书中叫无字，等等。以上种种现象让我们看到，只要"空"在形体外，就以无形无象的状态与我们和光同尘地生活在一起。一旦"空"进到形体里面，它就变成了生命，让那原本没有生命的形体，例如气球，变活了起来。这就是"空"的奥秘。老子体验到"空"的妙处，因此他给里外不完全相同的"空"取了两个名字，便于陈述。他把形体外的"空"命名为"道"，把形体内的"空"命名为"德"。这就是《道德经》一书名称的由来。现在懂了吧？

总算明白了道、德两字原本的含义。

老子一开始就解释道与德的不同之处，现在你们懂不懂"道可道非常道"的意思？

以前虽然也看过其他注解，怎么读都读不懂，听了老

问答道德经

师讲解后，总算懂了。原来老子起首就把道与德交代得如此明确。

老师，关于最后两句，在一般书中都把重点放在"玄"字上，而您的注解和其他书中的注解完全不同，为什么会有如此大的区别？

请先看"两者同出而异名"这句，两者指的就是形体外和内的"空"，也就是道与德，有与无，两者来源相同，只是名字不同而已。两者同为一体尚未分开之时，可以称为元（玄），这里为避康熙皇帝玄烨之讳，故将玄字改为元。不论元还是玄，两者均为名词而非形容词。一读到玄字，很容易联想到神秘或是妙不可言。接着又出现了"玄之又玄众妙之门"的句子，更把思想导入玄学的领域，玄字就顺理成章地由名词变为形容词了。如此一来就不必去探讨"同出"这两个字的含义。

"同出"两字就说明了，道与德之前还有一样东西存在，道与德都是从它而来。到底道与德源自何处？老子在下一句中给出了一个神秘的答案："元之又元众妙之门"或"玄之又玄众妙之门"，"众妙之门"就是道德之所出。那"众妙之门"到底是什么？这个问题也是千年难解之谜，留待我们日后继续探讨。

于此还有一点要特别声明，《道德经》原文共计八十一章，每一章都没有标题，不易让人看懂，标题能增进大家对本书的了解，因此老师为每一章都加了标题。

第一章释义　开宗明义

道可道非常道，
道可分为两种，一种是具象之道（即德），一种是不具象的道（即常道）。前者是可以解说之道，却不是常道；后者属于玄学的范畴，才是永远不变的常道。

名可名非常名。
名也分为两种，具象之事物是可以命名的，却不是常名；常名者德也，万物之总名，是永远不变的。

无名天地之始，
当其无形无象、无法命名之时，就正是天地之开始。（无名即道，故道为天地之始。）

有名万物之母。
由无形无象演变到具象（由道变为德），从无到有，有则可以命名，就称它为万物之母。

故常无欲以观其妙，
故常想在天地无名之时（即天地之始），来观察"道"创始天地之奥妙。

常有欲以观其徼。
常想在天地有名之时（即成为万物之母后），来观察"德"与天地万物演变之极致。

此两者同出而异名，同谓之元。

始与母（道与德）两者同出于一源，仅名字不同，两者同为一体尚未分开之时，可名为元。

元之又元 众妙之门。

"元"之前更有"又元"，也无法命名，众妙如天地之始，万物之母都出于"又元"，故曰元之"又元"为众妙之门。

【要点提示】

常有欲以观其"徼"，有版本写为"窍"，例如《说文》："窍，空也。空孔古今字。老子：常有欲以观其窍。"这里的窍指的也是德。（参阅第二十一章"三位一体"）

空：窍也，今俗语所谓孔也。天地之闲（间）亦一孔耳。

从第一章中就能看出老子宇宙论的概要：

众妙之门—元或玄（此时道与德尚未分）—（既分则名为）道、德—天地万物。

第二章

【原文】

天下皆知美之为美斯恶已
皆知善之为善斯不善已
故有无相生难易相成
长短相较高下相倾音声相和前后相随
是以圣人处无为之事行不言之教
万物作焉而不辞
生而不有为而不恃
功成而弗居夫唯弗居是以不去

【问题讨论】

《道德经》在第一章就开宗明义为道、德释名，并说明了道德与众妙之门的关系。道与德既然是同出而异名，老子接着就阐明有无相生、音声相和的道理。本章最重要的是老子提出了他的教育思想和教学方法，一言以蔽之：不言之教。"圣人处无为之事，行不言之教"，无为与不言之教就成为全书的中心思想。老师曾经用"无字天书"作为《道德经》的开场白，现在让我们更进一步地来探讨：何谓不言之教？

第二十三章中有"希言自然，故飘风不终朝，骤雨不终日"，即自然之言，寂而无声，听而不闻，此乃至言。至言无言，故以自然为例代言，此即不言之教。牛顿看到苹果往下落，进而发现万有引力定律。我想问同学们，如果你们看到苹果往下落，会想到什么和牛顿不同的不言之教？

同学们都默而不语！

如此看来想找出问题也不容易。牛顿是看到"有"的一面，老子则喜欢探索"无"的一面。当苹果往下落时，四周看不见的气流就会往上升，因此老子才说"反者道之动"，这才是《道德经》要探讨的主题。

同样是不言之教，但两位伟人所见不同，都给出了惊世的答案。牛顿成为科学界的泰斗，老子成为哲学界的宗师。"人法地，地法天，天法道，道法自然"都是不言之教的典范。不言之教亦可诠释为：教那些无法用语言来表达的理念，儒家主张身教甚于言教亦属之。不言之教约可分成三种：道家自然之教、不立文字（那些无法用语言来表达的理念）和儒家的身教。

让我们先来谈谈第一种——自然之教。

自然不会说话，却用大自然中的例子向我们暗示，以此来教导我们，也就是古人常说的"仰则观象于天，俯则观法于地。观鸟兽之文与地之宜，近取诸身，远取诸物"。依据天地之法则，寻找出物我之理，此即自然的不言之教。

同学们可不可以举几个你们知道的例子？

老师，画家经常喜欢画的梅兰竹菊"四君子"，算不算是不言之教？

当然算！"四君子"教导我们学习梅花之清高，兰花之人不知而不愠，竹子之谦虚有节能屈能伸，菊花花叶虽枯却不败、傲立风雪。有没有谁知道菊花的菊是什么意思？

不知道。

古人观察四季的变化，自然花季始于春天，到秋天结束。菊花开于秋季，当菊花枯萎时，就是宣告大自然的花季谢幕之时。菊花的菊就带有鞠躬的意思。菊花宣布花季的结束，并向大家鞠躬致谢，来年再见。

好几位同学都不约而同地说道："原来菊花这么知书达礼啊！我渐渐也开始喜欢菊花了。"

既然谈到绘画就再问大家一个问题，不言之教和绘画有什么关系？

这就不知道了。从没听说过不言之教和绘画有什么关系。

不言之教用于绘画就是当今世界最先进的理论"留白"。白就是无，无就是道，绘画理论中最高的境界都和道有关，除了留白外还有"笔外之笔""意外之意"（详见图例）。中国诗词的最高境界也是在追求道之无，即所谓"言有尽而意无穷"。

这些高深的理论用在诗词上我们能懂，但用在绘画上就像《道德经》一样难懂。老师能不能给我们举几个例子？

以留白赋予荷花生命。这幅白描作品是张大千先生1964年去德国办画展时，临时在绢版上完成的。之后他画风大变，往昔直接在宣纸上作画，墨趣不易发挥，此后则先在宣纸上以墨略钩线条，然后裱托一层（使之产生有如在绢版上作画的效果），最后才开始泼墨，终于形成其特有之大泼墨风格。估计这幅画起了关键性的影响。

现在谈谈第二种——不立文字。

很多人一定会将它和禅宗的教学方法联想在一起。事实上禅宗此法就是老子讲的不言之教，这方面庄子解释得最为生动。《庄子·天道》篇，桓公与轮扁的对话即是例子：

桓公在堂上看书，轮扁师父在堂下工作，他放下手中的工具，走上前去问桓公在看什么书。

桓公："读圣人之言。"

轮扁："圣人还活着吗？"

桓公："已死去。"

轮扁："那您就是在读古人所留下来的糟粕了。"

桓公："寡人读书，哪有车轮匠来议论的道理！说来听听，若有道理，就不怪你。若说不出道理，就将你处死。"

轮扁："就以我制造轮子的经验来说。斫轮慢了，就会因为松滑而不牢固；快了，就会因为滞涩而榫头难入。必不缓不急，才能得心应手。我虽然心中有数知道该怎么做，却无法用言语来表达，因此无法把这种最好的技艺传给我儿子，他想学也学不会。我虽已年届七十，仍然要在工房斫轮。古时的人及其不可言传的东西都已经消失了，那么您所读到的，就是古人的糟粕了！"

好精湛的一段对话！语言文字固然能传达人类的思想，但并非全部，思想中最好的理念是无法用语言文字来表达的。因此，老子才主张不言之教，其目的是为了追求那最深邃又无法用语言文字表达的大智慧，而不是用语言文字能表达的糟粕。

"夫象以尽意，得意则象忘；言以诠理，入理则言息。"也就是说，只有忘掉文字，才可以言道，此即禅宗以心传心、不立文字的意思，也属于道家的不言之教。

第三种——身教胜于言教。

儒家之身教也是不言之教的一种，注重模仿。模仿比自己好的人，如父母、师长或圣人。以人为师，故曰模仿。而老子的自然之教也重视模仿；但不是去模仿人或圣人，而是去模仿天地自然。所不同的是儒家主张模仿圣人，这是真正的模仿，而老子主张模仿天地自然，是从无中生有的一种创造，是创新而非模仿。

以上三种不言之教都可说是最高等的教育方法。科学教育崇尚自然之教，哲学教育追求"无字天书"所隐藏之精义，道德教育则重视身教胜于言教。此三者当并重之。

好了！就解释到这里。大家还有没有问题？

没问题了。这一章不像第一章那么难懂。

好！那老师最后再问你们一个问题：

"是以圣人处无为之事，行不言之教"中的圣人指的是谁？有什么特别的含义？

不是要我们常读圣贤书吗？儒家也常要我们效法圣人，这些不都是圣人吗？

这个题目看似简单，其实并不容易。全书有三十二次提到了圣人。老师原来也没去多想，但为了要翻译成德文，发觉不能直接翻译圣人这个词，因为西方的圣人大多和宗教有关，和中国的圣人并不一样。为了解决这个问题，我就开始思考，这时才发觉问题并不简单。因为老子为道家初始的代表人物，那时尚无适当的名称可用，只好用了当时通行的"圣人"二字，来代表他心目中的理想人士。儒家也讲圣人，但儒、道两家所讲的圣人内涵绝对不同，就像德字一样。建议大家先记住这个问题，随时留意老子对圣人的描述，留待日后再讨论。目前大家只要记住老子所说圣人的第一个特点：处无为之事，行不言之教。

第二章释义　不言之教

天下皆知美之为美，斯恶已。

天下人都知道美之所以为美的定义时，恶也就随之而生。

皆知善之为善，斯不善已。

天下人都接纳善之所以为善的观念时，不善也就随之而起。

故有无相生，难易相成。
故有和无同为一体，有无就有有，有有就有无，两者是无法分开的。同理难易也同为一体，两者相辅相成。

长短相较，高下相倾，音声相和，前后相随。
有长就有短，两者相较，才有长短之分。有高必有下，高下相合，相对始成倾斜。音声相和而成乐。有前必有后，前后相伴相随。

是以圣人处无为之事，行不言之教。
因此，圣人处事主张无为而治，以自然为不言之教的典范，引导人类走向创新之路。

万物作焉而不辞。
不需靠人为之力助长，万物自然会应时而生，春生夏长秋收冬藏，各依其序成长。

生而不有，为而不恃，
化生万物，不据为己有；培育万物，不恃为己功。

功成而弗居。夫唯弗居是以不去。
功成事就而不居其功。正因为不居其功，所以无法去否定其所做的功绩。

【要点提示】

不言之教与格物致知和天人合一的关系：

格物致知属于不言之教的方法之一。格物就是要深究事物之理，就是法天地的意思，直到寻找出亮点就叫致知。

天人合一：就是不言之教的成果。从天地所获得知，然后运用到人类生活中，这就是天人合一。

第三章

【原文】

不尚贤使民不争
不贵难得之货使民不为盗
不见可欲使民心不乱
是以圣人之治虚其心实其腹
弱其志强其骨
常使民无知无欲使夫智者不敢为也
为无为则无不治

【问题讨论】

同学们，你们能不能看懂第三章？

开始几句还能懂，但自"圣人之治"起到末了就读不懂了。

这章可以分为两个部分：头三句是老子提出的治国理念；从第四句开始，就是其具体的实践方法。让我们先来看什么是圣人之治。老子认为，首先要能让民众做到虚其心实其腹。这句话听起来怪怪的，颠倒过来看，你们就会懂了：虚其腹实其心。虚其腹则民众的肚子空了，就会闹饥荒，进而起义革命。实其心则欲望填胸，实满则溢，民众自然会走上歧途。所以老子才说，虚其心实其腹，心中的欲望少了，肚子也能吃得饱了，社会自然安定。

同理，若把弱其志强其骨倒过来写，就成了弱其骨强其志，骨弱则体弱，体弱而有强志，不就成了只会说而不会做的人？腹与骨代表健康，心与志代表愿望或事业志向。健康可以自己决定，不受他人的摆布，事业则往往受制于人。如果要大家二选一，你们会选健康还是事业？

同学多答，当然是健康！没有健康什么都没了！

这几句懂了没有？

现在懂了！可是老师，为什么要民众无知呢？我们也是民众，每天还要来上学求知，难道这又有什么不对？老子的圣人治国，真不容易理解！

这个问题问得好！老师有个看法，不知道你们会不会满意。老子一开始就讲到三个要点：不尚贤、不贵难得之货、不见可欲。不尚贤、不贵难得之货，都和知有关；不见可欲则和无欲有关。因此老子此处的"常使民无知无欲"指的就是常使民不尚贤、不贵难得之货、不见可欲的意思。

那老子为什么又说"使夫智者不敢为也"？

若民众都能做到"不尚贤""不贵难得之货""不见可欲",智者自然失去其作用,不再敢开口教导民众。

那"为无为,则无不治"呢?

请看,天地无为,不是也把大地治理得有条不紊吗?

第三章释义　无知无欲

不尚贤,使民不争。
不推举贤能,就不需有贤愚之分,民众争端自消。

不贵难得之货,使民不为盗。
不以难得的物品为贵重,民众就不会觉得它稀奇而来盗取。

不见可欲,使民心不乱。
使民不见利欲,心自无争而不乱(利之所至,趋之若鹜)。

是以圣人之治,虚其心实其腹,
因此,圣人治国先治心,使民众的心灵空虚,使无分别的意识产生,进而使民得温饱。

弱其志,强其骨。
削弱其心志,强健其体魄。(心与志均为分别意识的源头,有了分别意识就会有争乱意念的兴起。)

常使民无知无欲,使夫智者不

敢 为 也。
常使民众能不尚贤，不贵难得之货，不见其所欲，又回到无知、无欲的状态。让那些自以为聪明的智者，不敢有所作为。

为 无 为，则 无 不 治。
行无为而治，则没有不可以治理的天下。

【要点提示】

"常使民无知无欲"中的"无知"是不尚贤、不贵难得之货的意思，而不是泛指一般的无知。这点很重要，以后还会多次用到。例如第十章中的"爱民治国能无知乎"，第六十五章"非以明民将以愚之"，这里的无知和愚之都是不尚贤、不贵难得之货的意思。

本章所提到的圣人，可以说和君王有关。

第四章

【原文】

道冲而用之或不盈

渊兮似万物之宗

挫其锐解其纷

和其光同其尘

湛兮似或存吾不知谁之子象帝之先

【问题讨论】

若有同学能看懂这章，那真令人佩服，因为这章算是《道德经》中难解的章节之一。

既然老师都认为这么难，那我们就洗耳恭听吧！

好！今天老师就多讲少问，这章真可以说是重中之重，你们一定要用心听。本章的主旨是在讲德字而非道字。讲述了道是如何变为德的过程和道与德的不同之处。

先来讨论最难的一句"道冲而用之，或不盈"。前人多把冲字当作盅来解，盅：器虚也。盅字造得很传神，皿是器皿，中代表器皿之中，是一种静态的描述，实中之虚也。而冲字是涌摇的意思，是动态。若把冲当作空虚来解，就可解释为道本是空虚的，却未能把冲的动态表达出来。若把盅和冲两种意思合在一起解，就更易理解，可以解释为道冲入器皿中的空虚之处。

对于"或不盈"，前人多把它注解为无穷尽的意思。把不盈解释为无穷尽，似乎有些牵强，而且全文只谈到道，德字却全未提及。当我们把德字加进去后，就呈现出完全不同的面貌。首先大家会问，道与德既然同出而异名，那它们到底有什么不同之处？这就是整本《道德经》的中心思想，也是最难理解的部分。现在老师说说自己的心得，和大家分享。

道常处于盈满的状态，满而溢则谓之冲，即天之道损有余而补不足的意思。道要进入万物体内时的动作亦谓之冲，也就是说，道始终不断在化生万物、创造万物。冲即"冲气以为和"（第四十二章）的意思。冲而用之，是指道所创造（冲）出来的事物，即道进入器物内，变为德后，方能用之。

不盈者，道冲入器物变为德后，德就停留在器物内，再也不离开器物，直到生命结束为止。道能创造生命，但一变为德后，德就无法再创造其他新的生命，而专门主导畜养万物，因此老子才说"道生之，德畜之"（第五十一章）。

　　道始终处于盈满状态，德则始终处于不盈的状态。不盈是一种生命的表现，具体而言就是呼吸。能呼吸方能做到满而不盈，畜养万物，生生不息。由此可以看出道与德的不同之处：

　　道居外，常处于盈满状态，主化生万物，创造万物，给予万物新的生命，所以才说道是一切生命的总源头。德则居内，常处于不盈满状态，只能畜养万物，却无法创造万物。

　　基于以上的分析，老师就把第一句注解如下：

　　道冲进万物体内，变为德后，万物就得到了生命，此时道的功用方得展现。德则必须处于不盈满的状态，方能畜养万物，故曰或不盈。

　　这一部分你们懂了吗？

　　懂了！就这么简短的一句话，竟然包含了如此丰富的内涵，真是不得不佩服老子！

　　现在让我们来看第二个最难解释的部分：

　　"挫其锐，解其纷"。一般多将此句注解为：它不露锋芒，解除纷扰。我起初也就照译，还没有发现它的难处；但当我要译成德文时，问题就一个接着一个地出现。首先要确定此句的主语和宾语，到底是谁挫谁的锐、谁解谁的纷？锐和纷是何意？前人未言及此一难题，仅一语带过。但在德文却不行，不知主语、宾语就无法译的情况，逼得老师非去找出不可。我也不敢说真正能解答此问题，只是提出自己的看法，集思广益，互为参考。

　　道能创造万物，当它变为德后，道并没有把创造生命的权利交给德，故曰"挫其锐"。德进入器物后就不会再离开该器物，始终如一，永终其德。这就是《道德经》中所讲的"知足之足长足矣"和"知足不辱"的意思。万物各得其德，且能知足而不争，纷争自然得以消除，故曰"解其纷"。和光即天，同尘即地，从此德与万物共同生活在天地之间。和光同尘也可以解释为与天地同行。

那"象帝之先"是什么意思？

这句也不容易理解。首先要知道"象"和"帝"的意思，才能破解。《易》曰：在天成象，在地成形。由此观之，万物生成大约可分为三个步骤：初始一定是无，例如道就是无，有无才会生有。有又可以分为两个阶段，先是无定形之气体，谓之"象"，例如天，故曰天象。而后为有形之器物，谓之"形"，例如地，故曰地形。它们演变的顺序是：道生天，天生地。也就是先由无生象，而后由象生形。

何谓"帝"？老子把帝与王分得非常清楚。天的统治者谓之"帝"，在天成象故曰象帝。"象帝之先"就是在天地尚未生成之前的意思。而动物如鱼、虫、鸟、兽和人等的统治者，老子称之为"王"，故曰"道大、天大、地大、王亦大"（第二十五章）。

了解"象帝之先"的意思后，就可以一起来看老师的注解了。

第四章释义　不盈之德（一）

道冲而用之，或不盈。

道冲进万物体内，变为德后，其功用方得展现。而德则必须处于不盈满的状态，方能畜养万物，故曰"或不盈"。

渊兮似万物之宗。

静寂深远似为万物之宗，万物皆渊源于此（道与德为万物之宗）。

挫其锐，解其纷，

道能创造万物，当它变为德后，道并没有把创造其他生命的权利交给德，故曰"挫其锐"。

德进入器物后就不会再离开该器物，始终如一，永终其德。这就是《道德经》中所讲的"知足不辱"的意思。既能知足，纷争自然得以消除，故曰"解其纷"。（由此可知，德既不能伤物，亦不与物争，所以终其身都不会有纷争。）

和其光，同其尘。

和光即天，同尘即地，从此德与形体就和光同尘，与万物共同生活在天地之间。

湛兮似或存，吾不知谁之子，象帝之先。

道隐而不显，似无而实存，我不知道它源自何处，唯知其在天地尚未生成之前，就已经存在了。

【要点提示】

"挫其锐，解其纷，和其光，同其尘。"若把此句应用到修身方面，那主语和宾语就可是同一人，劝人不露锋芒，解除纷扰，和光而不污其体，同尘而不失其真。这点以后在第五十六章时还会讲到。

第五章

【原文】

天地不仁以万物为刍狗
圣人不仁以百姓为刍狗
天地之间其犹橐龠乎
虚而不屈动而愈出
多言数穷不如守中

【问题讨论】

第五章并不难懂，主要是说天地的不仁，就是不分好坏，一视同仁，无分别意识的意思。

刍狗：祭祀时用草扎成的狗，用过就丢。

橐：冶铁时所用的风箱。龠：笛子的总称。两者均为外实（负阴）、内空（抱阳）。冲气入内则动而愈出。

第五章释义　守中

天地不仁，以万物为刍狗。

天地把万物当作祭祀时用草扎成的狗一般，毫不重视，任其自然无作为、无造作，故曰"天地不仁"。

（不分好坏，一视同仁，故曰"不仁"。）

圣人不仁，以百姓为刍狗。

圣人把百姓当作祭祀时用草扎成的狗一般，毫不重视，任其自然无为无造，百姓自和而无争，故曰"圣人不仁"。

天地之间其犹橐龠乎！

天地之间犹如一个大风箱和笛子。

虚而不屈，动而愈出。

内似空虚，实则满盈，冲气入内，立即涌动，推陈出新。

多言数穷，不如守中。

越多作为,越多教诲,越没用。还不如像风箱、笛子一样,不言守中,虚而以待。

(道存在于天地之间,德存在于形体之中。守中即效法守于天地之间的道与守于形体之中的德的意思。)

【要点提示】

"天地之间其犹橐龠乎"与"天地之闲(间)亦一孔耳"同义。

"圣人不仁,以百姓为刍狗。"第三章则言"圣人之治,虚其心实其腹"。这两处的圣人似乎都和统治者有关。难道圣人指的就是统治者?

第六章

【原文】

谷神不死是谓元牝
元牝之门是谓天地根
绵绵若存用之不勤

【问题讨论】

在讨论这章前，先和大家来看一首许多人都会背的偈，就算你还没读过，只要看一遍，马上就会背：见山是山，见山不是山，见山又是山。

知不知道是谁写的？

知道，苏东坡写的。

看得懂吗？

虽然看得懂，却不知道他想要表达什么。

苏东坡很喜欢参禅，后来就写了这首偈子。苏东坡自己没有给出注解，因此就没有标准答案，一般都认为他这首偈子一定和佛家有关。现在让我们一起来看第六章，看完后可能大家就会懂了。先解释一个不常用的字，牝，《说文》："牝，畜母也。"元牝就是雌性之本，天地之根，就是天地以雌之本性来畜养万物的意思。

还有没有不懂的地方？

老师，一般我们只听过山神，却没听过谷神。老子为什么用谷而不用山字？

这是一个很好的问题。那你们觉得山神和谷神有没有区别？

我们经常把山谷合在一起用，谷也在山中，应当没有太大的区别吧。

这正是一个非常值得思考的问题。山字大家都懂，但谷的意思古人和今人的想法就大不相同了。一般大家都知道两座山方能成谷，一座山则不能成为谷。因此山可以无谷，而谷却不能无山，谷因山而成，山因谷而盈。这样你们就能分辨山与谷的不同了。

噢！对了！既然山可以单独存在，谷却不行，那山神不是成了谷神的主宰？

问得好!那我们就得先了解古人是怎么解释谷字的。《说文》里讲"泉出通川为谷"。由此就能看出,谷字在古时不仅要有山,还要有水源通川才行。

古人心目中的谷,含义真是太丰富了,太富有诗意了。忽然觉得我们心中的谷,都变得枯燥之味,毫无生命力了。

现在你们应当可以了解,为何老子不用山字而用谷字了吧。山只代表地,谷则同时代表天地和水源。无山不成谷,因此山神可以是一座山的神,只能代表地,而谷神必须是两座山和一条水源,才能称为谷。看似什么都没有的谷,居然能比山大。道、天、地、水就是生命的四大要素,谷完全具备,所以老子才用谷神来形容"元牝之门,是谓天地根",而不用山神。从这一字之差就能看出,老子用字之谨慎。

现在可以看老师的注解了。

第六章释义　雌为天地根

谷神不死,是谓元牝,

元牝者雌性之本、天地之根,就是说谷神以雌之本性来畜养万物,故谓之元牝。

元牝之门,是谓天地根。

雌之本源,就是天地的根。(第十章:天门开阖能无雌乎?)

绵绵若存,用之不勤。

谷神以雌应万物，有如大气般绵绵不断，似有若无，作用无限，愈用愈多。

这样就懂了吧！现在让我们来比较一下苏东坡的禅偈和本章的关系。请大家先说说你们的看法。

苏东坡只讲山却不提谷，而老子只讲谷而不提山，正好相反。

很好！谁能为我们解释一下苏东坡的禅偈？

读起来容易，要想解释就难了。还是请老师来吧。

好！老师就说说自己的看法。"见山是山"这句大家应当没有问题，都能懂。"见山不是山"时，请问那是什么？

难道是谷吗？

对了！那"见山又是山"会是什么？

那就不知道了。

老师想"见山又是山"应该是指山与谷合而为一。

若东坡先生在世，不知他听后会如何反应，希望这个解释没有违背他的意思。

【要点提示】

前面和大家谈过孔子和老子对知的不同看法，孔子强调知人之智，老子重视自知之明。现在再跟大家谈谈孔子和老子对山谷的不同看法。

孔子讲仁，并以山作为仁的模范，故曰"知者乐水，仁者乐山"。

老子讲"空"所以偏好谷，却不重视山。怎么才能证明？

很简单,整本《道德经》从未提及一次山字,都用谷之虚来衬托出山之实,谷中有山,山中不一定有谷。因此我才敢提出"老子好谷"这个看法。山可代表地,谷则涵盖了天、地、水,山谷之别即天地之别,这也说明了孔、老哲学第二个不同之处。当然孔、老都注重天与地,唯其所强调的重点不同,孔子主张敬天,老子主张法天。这个题目牵涉很广,有机会再和大家详谈。

第七章

【原文】

天长地久天地所以能长且久者
以其不自生故能长生
是以圣人后其身而身先外其身而身存
非以其无私邪故能成其私

【问题讨论】

"天地所以能长且久者,以其不自生,故能长生。"谁能够解释这句话?

那就是说天地自己都不去生产,而是把别人的生产变为己用,所以才能长久存在。

你们觉得这样的天地是好还是坏?

直觉上觉得天地永远是好的,但这句话听起来好像在责备天地,像个懒人似的。

那下一句"是以圣人后其身而身先,外其身而身存"是什么意思?

网上大意是这样的:圣人处处能谦让后退,结果反而能得到爱戴;事事不计较,舍己从人,反而身受其益。

能懂吗?

这些都是老师常常教导我们的,当然懂了。

人类如何做,你们都知道了。天地能做到长且久者的方法就是不自生,你们能举个例子吗?

那就不知道了。我们也没去想那么多,反正听起来很顺也很合理就是了。

对!你们说得都没错。本章就是讲这些做人的道理,其实不自生的意思就是"后其身"和"外其身"。

这就让人越听越糊涂了!

让我们先来看看老子写书的方式,他喜欢先找出不言之教的所在,作为主题,然后提出其实践的方法。就以本章为例:老子观看天地,发现天地能永存的奥秘,就在于天地不自生故能长生。如何才能把这个不言之教的奥秘运用到生活中?老子就说,人只要能"后其身"和"外其身",就能像天地一样,做到他想要做的事。

那天地是如何做到"后其身"和"外其身"的呢?

首先要知道天地的特点，即天无不覆，地无不载。无不覆就代表天始终飘浮于至高之处，天之外无天，天之外无物，天始终覆盖着万物，这就是天无不覆的意思。具体而言，清气上升而为天，浊气下降而成地。凡比空气轻的东西，都会往上升，但绝不会升到天之外。这就是"不自生，外其身而身存"的意思。凡是比空气重的东西，都会往下掉，由此而形成了地。地的特点就是始终处于万物之下，任万物践踏，越踏越坚固也越高。故曰"不自生，后其身而身先"。现在懂了什么是"不自生"了吧？

原来如此！

第七章释义　天地之私不自生

天长地久，天地所以能长且久者，
天长地久，天地之所以能长久者，

以其不自生，故能长生。
因为天地能包容万物，不与物争，随物而生，故能长生。

是以圣人后其身而身先，
因此圣人法天地，不与人争，善为人之后，反而能借人之力，走在他人的前面，越变越大。（此就地而言，即泰山不让土壤故能成其大，河海不择细流故能就其深。）

外其身而身存。

能做到无我，包容万物，则身自存。（此就天而言，天主上、主外，故曰"外其身"；地主下、主后，故曰"后其身"。）

非以其无私邪，故能成其私。
并非圣人没有私心，他们之所以不自私，是因为他们知道只有自私如此（即无私），才能达到他们私心想要达到的目的。

【要点提示】

这里提到圣人的另外一个特点：要能做到不自生，也就是要能做到"后其身""外其身"才行。这就不一定是统治者了，也可能是位圣贤或哲人。

第八章

【原文】

上善若水水善利万物而不争
处众人之所恶故几于道
居善地心善渊与善仁
言善信正善治
事善能动善时
夫唯不争故无尤

【问题讨论】

　　上一章讲的是天地的不言之教，这一章讲的是水的不言之教。老子以水为主题开头，接着就解说其缘由，并告诉我们，水有哪些地方值得我们去学习。

　　这真是一篇传世佳作，用字平易近人，意境深远，希望你们能好好把它背下来。水的内涵真是太丰富了，希望你们能找出属于你们这一代的不言之教。

第八章释义　水之道

上善若水，水善利万物而不争，
上善若水，水能滋养万物，却不与万物争利。

处众人之所恶，故几于道。
愿意生活在众人所厌弃的低洼之地，因此可以说，水的本质与道最为接近。

居善地，心善渊，
善者不争，处于低下不争之地。
心善如渊，渊乃至低不争之处，能包容万物。

与善仁，言善信，
最好的交往和施与之道，就是一视同仁，不分彼此，如水之公平无私。水至则湿，水多则患，水缺则旱，遇寒则成冰，遇热化成汽，此水之信也。言当如水之信实。

正善治，
最好的治理之道有如水之清静无为。为无为则无不治。

事善能，
善于办事者，定能因事制宜，有如水，水能随物赋形，是谓善能。无为而无不为即善能。

动善时，
最好的行动时机就是能配合天时，与时迁移，有如水在四季之变化。

夫唯不争，故无尤。
由于不与物争也不与天争，所以没有怨尤。

【要点提示】

这里又可以比较孔子看东流之水所体会到的不言之教和老子的不言之教有何不同。子观东流之水曰："浅者流行，深者不测，似智。其赴百仞之谷不疑，似勇。……蒙不清以入，鲜洁以出，似善化。至量必平，似正……其万折必东，似意。"是之谓见物见人，人与自然已合一。

孔子赞扬水的智、勇、善化、平正和坚强的意志。老子赞扬水的不争、仁、信、善治、善能、善时。现在我们来比较一下两者的差异。

大家都知道，孔子主张有为，所谓"尽人事以待天命"，勇敢、善化（指的是教育）、公正和意志力等都是有为的表现。而老子则主张无为"不争"。最让我感到讶异的是，孔子只提到了水之智和勇，却没有提到水之仁。这又是什么缘故？

　　在第六章谈到孔老哲学不同之处。孔子重山，因为山就是"后其身而身先"的仁者风范代表，故曰"知者乐水，仁者乐山"。既然水为智，山为仁，孔子就没再把水列为仁的代表，以免重复。

　　孔子重山，老子重谷，但是两人都重视水。细思之，孔子之仁犹如"泰山不让土壤故能成其大"，这是何等伟大的胸怀，忍之极致，山当然是仁的最理想代表。那孔子的"山之仁"和老子的"水之仁"有何不同？我的看法是山为坚实之仁，是被动接纳万物，种什么就能长出什么，更是无所不在，处处能承载万物。水为柔弱之仁，万物都需要它，但先决条件是那里要有水才行，无水则枯竭。水是主动施与万物，惜无法做到无所不在。更有甚者，古时常有水、旱灾发生，造成百姓流离失所，夺走许多生命，或许这才是孔子以山不以水为仁的主要原因。这也是孔、老哲学思想的不同之处。

第九章

【原文】

持而盈之不如其已
揣而梲之不可长保
金玉满堂莫之能守
富贵而骄自遗其咎
功遂身退天之道

【问题讨论】

这章你们读得懂吗？有没有问题？

老师，"揣而棁之"是什么意思？

揣就是捶打的意思。棁是木杖或是能放在袖中的小杖，又称袖杖。袖杖似可用于防身。据此也可注解为：揣末令木杖或袖杖成尖。王弼将这句话注解为："既揣末令尖，又锐之令利，势必摧衄，故不可长保也。"就是说，既已捶打成尖，嫌不够，还要磨得更锋利，越磨越少，自然无法长保其身。

还有问题吗？

没了。

这章并不难懂，每一句都可以当作励志名言来看。我们按照老子写作的方式来分析就更清楚了，首先要找出本章的不言之教，你们能找出来吗？

那一定就是头两句了。

再就是看老子是怎么解答的。

就是那最后三句。

好！让我们重新编排整理一下这段话：

不言之教　　　　　　　实际运用
持而盈之不如其已（犹如）金玉满堂莫之能守
揣而棁之不可长保（犹如）富贵而骄自遗其咎
总结：功遂身退天之道。

第九章释义　天道忌满

持而盈之，不如其已。
已经有了还想要更多，不如适可而止。

揣而梲之，不可长保。
既已捶打成尖还嫌不够，还要磨得更锋利，越磨越少，自然无法长保其身。

金玉满堂，莫之能守。
金玉满堂，不知适可而止，还想要更多，势必无法守住。

富贵而骄，自遗其咎。
富贵而骄，犹如捶打成尖还嫌不够，还要磨利一般，那是自取其祸。

功遂身退，天之道。
功成身退，天之道也。

第十章

【原文】

载营魄抱一能无离乎
专气致柔能婴儿乎
涤除元览能无疵乎
爱民治国能无知乎
天门开阖能无雌乎
明白四达能无为乎
生之畜之生而不有
为而不恃长而不宰
是谓元德

【问题讨论】

通常老子都会先言明主题，然后给出具体的建议。唯本章老子连用了六个似疑问又像是期待性的句子，估计老子自己也正在思考这个问题，尚无法确定正确与否，故而以此方式来表达。请问老子提出了哪些问题？

那一定就是能无离乎、能婴儿乎、能无疵乎、能无知乎、能无雌乎、能无为乎。

没错！那答案是什么？

那就不知道了。

其实老子自己提出了问题，也试着给出了答案，或许他也不太能肯定，所以才用以问代答的方式写出："载营魄抱一能无离乎？专气致柔能婴儿乎？涤除元览能无疵乎？……"

老师，我们还是不懂是什么意思。

老子以人为例来解释生命是如何产生、如何畜养的。前三句描述人的生命是如何产生的，也就是描述生命的三个要素：形体、气和灵魂是如何形成的。第四句到第六句谈到如何畜养，接着老子才说"生之畜之"。让我们先来看看，老子是怎么说的——"载营魄抱一能无离乎？专气致柔能婴儿乎？涤除元览能无疵乎？"

"载营魄抱一"中的"载"就是承载背负的意思，"营"指体内之血脉，"魄"指外在之形体，这就是负阴抱阳的意思。"抱一"，一为道，即为物所抱，就变成德。

"能无离乎"就是道、阴阳、虚实合成为一体，能不分开吗？！此就形体而言。

"专气致柔"就是气冲入负阴抱阳之体，此就气而言。

"能婴儿乎"就是道冲气以为和的结果。就是代表生命的诞生，故能婴儿乎？！（参阅第二十一章要点提示。）

接下来就谈到灵魂方面的问题，也就是生命之中神明的问题。老子问："涤除元览能无疵乎？"这个问题似乎和《道德经》第三十九章中的"神得一以灵"有关，"元览"就是初始无分别意识的意思。两句合在一起就可以解释为：涤除混浊之疵，能回归元览吗？！或许此即"神得一以灵"的注解。

这么复杂！

接下来就要谈如何畜养的问题。老子的看法是要能做到无知、无雌和无为。

"爱民治国能无知乎"，此处之"无知"即第三章所言，不尚贤，不贵难得之货。

"天门开阖能无雌乎"，万物所生之处谓之天门，即第六章所言元牝之门。万物皆为天地所生，天主开，地主阖，雌者慈也。天门是否能依照雌性无争之慈的特点，只应而不倡，来行使开阖之道？开阖之道即天地之道。天能开放自己包容万物，地能闭阖自己承载万物，两者均秉持雌性之慈而为之，故曰："天门开阖能无雌乎？"

"明白"是指有自知之明能创新发明的人。至明四达者能否做到无为？

本章可以说是老子写创世记的初稿，直到第四十二章才完全定稿。这是老师的看法，只能算是一种揣测，不一定正确。坊间有很多不同的版本，请多参考比较。

第十章释义　元德（一）

载营魄抱一能无离乎？

是否能让自己的身心，常与人性之真（即德），共处而不离？

（"载营魄"即负阴抱阳的意思。"抱一"即道入形体与体内之虚结合变为德，此言：德是否能不离开形体。）

专气致柔能婴儿乎？

冲气入体，形体柔活了起来，能成为新生的婴儿吗？

（"专气致柔"意指冲气以为和。结合上句负阴抱阳、冲气以为和，则能产生生命，故曰"能婴儿乎"，此言道进入人体。）

涤除元览能无疵乎？

能否涤除邪饰，心无所执，回到无分别意识的状态？

爱民治国能无知乎？

能否使民众不尚贤，不贵难得之货，来爱民治国？

天门开阖能无雌乎？

开阖之道即天地之道。天能开放自己包纳万物，地能闭阖自己承载万物。

两者均秉持雌性之慈而为之，故曰"天门开阖能无雌乎"。

明白四达能无为乎？

至明四达，无迷无惑，能做到无为乎？

（又译：明者是指有自知之明能创新发明的人。至明四达者能否做到无为而无不为？）

生之畜之，生而不有，

道是万物生命之源，德是孕育万物之基。道赋予万物生命，却不据为己有。

为而不恃，长而不宰，

德抚育万物长成，却不据为己功。任万物成长而不去制约，万物不知其主为谁。

是谓元德。

这就叫元德。（元德即道与德元始共有之德。见第一章，此两者同出而异名，同谓之元。）

第十一章

【原文】

三十辐共一毂当其无有车之用
埏埴以为器当其无有器之用
凿户牖以为室当其无有室之用
故有之以为利无之以为用

【问题讨论】

这也是一篇充满了道家大智慧的文章，主题就是在谈"无之用"。原本很普通的一些器物，一经老子描述突然就变活了。这一章老子讲得非常直截了当，不需更多解释，只要知道那些不常用的字的意思就行了。

毂：车轮的中心叫轴心，轴心四周被一个有窟窿的圆盘框着，谓之毂。从毂到车轮框之间有圆木相连，这些圆木就叫辐。

埏埴：制作陶器时，先要有捶打陶土的过程，称为埏埴，然后才能制作成器物。

户牖：门窗的意思。

第十一章释义　无之用

三十辐共一毂，当其无，有车之用。

轮子有三十根辐，都连接在同一个毂上，由于毂中间有孔洞，所以才能为车所用。

埏埴以为器，当其无，有器之用。

用陶土制成器皿，由于器皿中间是空的，方成就了器皿的功用。

凿户牖以为室，当其无，有室之

用。

凿门窗做成房间，房间中空无的部分，才是房间实用的所在。

故有之以为利，无之以为用。

"有"是为了便利"无"的各种功用而存在的。

【要点提示】

常人都只看到山和有，老子却能看到谷和无，这也就是老子所讲的"反者道之动"。

本章就是第二十八章"知其白，守其黑"的实例，白者即无，黑者为有，故有之以为利，无之以为用。

第十二章

【原文】

五色令人目盲五音令人耳聋五味令人口爽
驰骋畋猎令人心发狂难得之货令人行妨
是以圣人为腹不为目故去彼取此

【问题讨论】

中国人崇尚五,例如五行、五脏、五音、五岳等,五字往往含有全部变化的意思。

爽是爽失的意思。

第十二章释义　腹目之别

五色令人目盲,五音令人耳聋,
五光十色令人眼花缭乱,使人失去视觉的分辨能力,众多的声音反而会让听觉迟钝。

五味令人口爽,
五味杂陈会令人味觉产生偏差。

驰骋畋猎,令人心发狂,
纵情于骑马打猎,会触发人的野性,令人心发狂。

难得之货,令人行妨。
贵重的物品会影响人的行为(引人走向歧途)。

是以圣人为腹不为目,故去彼取此。
因此圣人愿为养生饱腹,却不愿成为眼睛的奴隶,所以才选择远离眼睛所能见的多彩世界,而走向纯朴的养生之路。

【要点提示】

有些学者会把"腹"当作内在,把"目"当作外在来解,也有其道理。王弼解说得最到位:"为腹者以物养己,为目者以物役己,故圣人不为目也。"

纵观动物界的生态原则,所有动物都还活在"为腹"的道德世界中,只有人类例外。解决了温饱问题后,人们开始追求五彩缤纷的花花世界,尤其是进入到多媒体时代后更是变本加厉。

本章中的"为腹不为目",老百姓和隐士比较容易做到。

第十三章

【原文】

宠辱若惊贵大患若身
何谓宠辱若惊
宠为下得之若惊失之若惊是谓宠辱若惊
何谓贵大患若身
吾所以有大患者为吾有身
及吾无身吾有何患
故贵以身为天下若可寄天下
爱以身为天下若可托天下

【问题讨论】

这章似在与旁听者对话。老子开始就说出主题"宠辱若惊,贵大患若身"。听者不明其意,故问"何谓宠辱若惊""何谓贵大患若身"。接着老子提出了各种解释。

本章的关键问题就是:何谓贵大患若身?照王弼的说法,大患者宠辱死生之事也。把生死看得过重,亦可谓生死若惊,喜得生有如得宠,惧入死有如受辱,故曰"贵大患若身"。王弼的注解自有其独到之处,可以作为大家的参考。老师有另外一种看法,提出来和大家讨论。

想要了解何谓贵大患若身,就必须先了解大患和身的含义。大患,一般都把它当作名词来看,可以注解为大的祸患;但也可当作动词来看,就是患得患失的意思。此处患字两种意思都有。若文中仅言及大患而没有贵字,此时的大患就可以说是王弼解说的生死祸患之事。但是本章加了一个贵字,意思就全变了。大患就可以说是老子心中最牵挂的事情,也是他一直努力想做却无法做到的事情。据此观之,老子的大患指的就是老子想要追求的理想,只恨无法做到,故曰"大患"。那老子的大患是什么呢?秘密就藏在身字之中。

身者生也,可谓自己的生命,也可说是自生、自身或己身。自生之反就是"不自生",这就让我联想到本章应该和第七章的一句话有关——"天地所以能长且久者,以其不自生,故能长生。"如此一来就能破解老子心中大患是什么,其实本章所说的大患就是"不自生"的意思。也就是说老子的大患是患自己不能法天地做到"不自生",因此才说,我之所以会有大患,是因为我只能做到有身(自生),却无法做到无身(不自生),故曰:"及吾无身,

吾有何患？"因此老师把"贵大患若身"注解为：当以尊"不自生"若己身为贵。如此一来大患就由祸患变为内心的牵挂与期许，期许自己能做到"不自生"。知道这句话的含义，就可以看解释了。

第十三章释义　"不自生"之患

宠辱若惊，贵大患若身。
受到宠爱或屈辱都会让人心惊，当以尊"不自生"若己身为贵。

何谓宠辱若惊？
宠辱若惊是什么意思呢？

宠为下得之若惊，失之若惊，是谓宠辱若惊。
下属得到或失去上位者的欢心时，内心常会有患得患失的惊吓之感，这就叫宠辱若惊。

何谓贵大患若身？
什么叫作当以尊"不自生"若己身为贵？

吾所以有大患者，为吾有身，
我之所以会有这种"不自生"的大患，都因为我只能做到"自生"。

及吾无身，吾有何患？
若我能做到"不自生"，我还有什么忧患？

故贵以身为天下，若可寄天下。
懂得法天实践"不自生"若己身为贵的道理，如此则可寄身于天下。（此即法天之"外其身而身存"。）

爱以身为天下，若可托天下。
懂得法地实践"不自生"若己身为爱的道理，如此则可托身于天下。（此即法地之"后其身而身先"。）

【要点提示】

身者生也，可谓自己的生命，自身或自生。自生之反就是"不自生"。天地之身即天地之形象，其身源自"不自生"。

大患可以从身体和心理两方面来看：

若言身体之大患就和生死有关，可以参考王弼的注解。

若言心理之大患则与自己心中所畏惧或最担心的事有关。老子最担心的事，就是不能法天地做到"不自生"，若能做到"不自生"就能把身心寄托于天地之间，逍遥物外，这就是本章的不言之教。

第十四章

【原文】

视之不见名曰夷听之不闻名曰希
搏之不得名曰微
此三者不可致诘故混而为一
其上不皦其下不昧
绳绳不可名复归于无物
是谓无状之状无物之象是谓惚恍
迎之不见其首随之不见其后
执古之道以御今之有
能知古始是谓道纪

【问题讨论】

本章可谓描述道之总纲。老子起首就言明道是看不见、听不到,也抓不着的,但他还是试着去描述它。

"其上不皦,其下不昧","上"是从形而上者之谓道的观点来看,道并未有特显之光亮。"下"是从形而下者之谓器的观点来看,即道进入形体化为德后,道亦不显愚昧。

"皦"是光明的意思。"昧"是昏昧的意思。视之不见谓之"不皦",若说道是无,万物却从它而来,故曰"不昧"。

"绳绳",无涯无际貌。

第十四章释义 道纪

视之不见,名曰夷;听之不闻,名曰希;

(道)无状无象无声无响,想看却看不见,名之为夷;想听却听不到,名之为希;

搏之不得,名曰微。

想抓却抓不到,名之为微。

此三者不可致诘,故混而为一。

夷、希、微此三者浑然一体,想问也无从问起(问不出所以然)。

其上不皦,其下不昧。
道是看不见的,但万物又均从它而出。若说它是存在的,却又听不到摸不着。
从形而上者之谓道的观点来看,道并未有特显之光亮。
从形而下者之谓器的观点来看,道亦不显愚昧。

绳绳不可名,复归于无物。
道可谓无际无涯,玄之又玄,无法去形容,也无法命名,至终又归属于无物。

是谓无状之状,无物之象,是谓惚恍。
这就是没有形状的形状,没有形象的物体,这若存若亡,不可见又不可得的现象就叫惚恍。

迎之不见其首,随之不见其后。
从前面迎上去,看不见它的头部;尾随之,也看不见它的后面是什么。

执古之道,以御今之有。
秉持此亘古无形、无名之道,以驾驭现今有形、有名之物。

能知古始是谓道纪。
能知道万物初始的规律是如何形成和运行的,这就是道的总纲。

第十五章

【原文】

古之善为士者微妙元通深不可识
夫唯不可识故强为之容豫焉
若冬涉川犹兮若畏四邻俨兮
其若容涣兮若冰之将释
敦兮其若朴旷兮其若谷混兮其若浊
孰能浊以静之徐清
孰能安以久动之徐生
保此道者不欲盈
夫唯不盈故能蔽不新成

【问题讨论】

《道德经》原文没有标点符号，造成后世诸多释义。当翻译不通时，有的就改字以自圆其说，完全扭曲了老子的原意。往往这些改字的地方，就是千年难解之谜之所在。把本章中的 "其若容"改为"其若客" 就是其中最典型的例子。

两千多年来学术界对第十五章都如此断句：
古之善为士者，微妙玄通，深不可识。
夫唯不可识，故强为之容：
豫焉若冬涉川；犹兮若畏四邻；
俨兮其若容（客）；涣兮若冰之将释；
敦兮其若朴；旷兮其若谷；混兮其若浊……
你们能懂吗？
是不大能懂。
那把"其若容"改为"其若客"是不是就能懂了？
感觉上就通顺多了。
有没什么不合理的地方？
看不出来了。
你们会不会觉得奇怪：为什么微妙玄通深不可识之士，遇事还会犹豫不决，怕这怕那，根本不像个得道之人。孔子不是说 "七十而从心所欲不逾矩"嘛，道家之士应当更洒脱才是。
对呀！我们都没留意到。
每当我读到此，都会自问，"俨兮其若容"在这里是什么意思？为什么"容"字会被许多学者改为"客"字？这些问题都困扰着我，尤其是在翻成德文时，更是无法自圆其说。几经摸索，终于发现其中的奥秘，原来是断句出了问题。

现按老子原文不改一字,重新断句,看看会不会有新的发现。

古之善为士者,微妙玄通,深不可识。

夫唯不可识,故强为之容豫焉。(指作者自己内心犹豫不安的心态)

若冬涉川犹兮。若畏四邻俨兮。

其若容:(现在才开始描写士者之容)

涣兮若冰之将释;敦兮其若朴;

旷兮其若谷;混兮其若浊……

哎呀!这真是太妙了!怎么会两千多年来都没被发现,太不可思议了!

破解了这个难题后,我信心大增,于是开始重新注释《道德经》,先后发现了许多千年难解之谜,这些都是为什么《道德经》不容易读懂的原因。经多年努力,虽未能完全破解全书之谜,但至少理出了道家思想的精髓,还老子以本来面目。

第十五章释义 不盈之德(二)

古之善为士者,微妙元通,深不可识。

古时有道之士知微识妙,玄通天地,深不可识。

夫唯不可识,故强为之容豫焉。

由于其深不可识,自然无法形容他的神态,若强而为之,内心有些犹豫。

若冬涉川犹兮，若畏四邻俨兮。
有如冬天过河，犹疑不决，又怕四邻指指点点，不敢轻易描述。

其若容：涣兮若冰之将释，
若真要形容他的神态：有如春回大地，冰雪初融，

敦兮其若朴，旷兮其若谷，混兮其若浊。
敦厚质朴犹如未经打磨过的璞玉（内守精神，外无文采），心胸宽广如谷，和众人生活在一起，表面看起来浑浑噩噩愚昧，内则昭昭若明（和光同尘）。

孰能浊以静之徐清。
谁能把浊物静置不动，它就会逐渐变得清澈。

孰能安以久动之徐生。
谁能在事物经过长期稳定孕育后，任其慢慢地搏动，生命就会逐渐活起来。

保此道者不欲盈，
要想保住此道者，不应凡事要求过满，满则溢则变也。
（能保此道者即浊以静之徐清，安以久动之徐生。静、安必须在形体内方能实现，否则就无法做到浊以静、安以久，故不得满盈，满盈则溢则变。）

夫唯不盈，故能蔽不新成。
反者道之动，若盈满则必得新成。唯其不盈满，故能蔽不新成。（指其只能畜养万物，却无法创造万物。）

（夫唯不盈，故能蔽不新成。例如，洞穴无法遮蔽其洞形成一个循环个体，造成不断地外溢，故生命无法长久。形体必须形成一个封闭式的循环系统，才不会外溢变成其他东西。）

【要点提示】

本章可以分为三大部分来分析。头三句谈到作者自己内心犹豫不安的心态，接下来两句描写善为士者之神态。本来到此就应该结束，但不知为何突然转换了主题，居然谈到生命是如何产生的，也就是在叙述德是如何畜养万物的过程。（参阅第二十一章）这就让我联想到第四章"道冲而用之，或不盈"，经仔细比对，才发现真有许多相似之处，试比较分析如下：

道冲而用之或不盈渊兮似万物之宗
挫其锐解其纷和其光同其尘

无论谁想要描写善为士者之容，都不是一件容易的事，好比要画家画出老子的神态，真让人有无从下笔的感觉。那老子又是依据什么理念来描述的？他就是依据第四章所言"挫其锐，解其纷，和其光，同其尘"来描述善为士者之容。

挫其锐：冰可肃杀万物，水可滋润万物，因此可以说，冰为水之锐者。善为士者必先挫其锐，故曰"涣兮若冰之将释"。

解其纷：朴为物之始，无欲亦无纷争。善为士者必能做到无欲无争，故曰"敦兮其若朴"。

旷兮其若谷：即第四章所言"和其光"。

混兮其若浊：即第四章所言"同其尘"。

孰能浊以静之徐清：意指天地初始，混沌一片，静之则清气上升为天，浊气下降为地。

孰能安以久动之徐生：不失其所者久（第三十三章）。浊气下降而成形（此时仅有形体尚无生命），道能无所不入，进入阴实之形体后，安而不离其所。天为阳为虚主动，亦存在于阴实之体中。地主静天主动，久动始成生命。这两句正是描述德畜之的生命成形过程。

保此道者不欲盈：能保此道者即浊以静之徐清，安以久动之徐生，静、安必须在形体内方能实现，否则就无法做到浊以静、安以久，故不得满盈，满盈则溢则变。

保住生命的关键也在于不能盈满，盈则溢，溢则失其所，故无法浊以静之徐清，安以久动之徐生。

夫唯不盈，故能蔽不新成：只有不盈满方能安而不离其所，畜养自己的生命，而不去成就新的生命。（参阅第四章"道冲而用之，或不盈"）

第十六章

【原文】

致虚极守静笃

万物并作吾以观复

夫物芸芸各复归其根

归根曰静是谓复命

复命曰常知常曰明

不知常妄作凶

知常容容乃公

公乃王王乃天

天乃道道乃久没身不殆

【问题讨论】

能看得懂这一章吗？

看似懂，却说不明白在讲什么。

这章要和第十五章一起来看就容易多了。

"致虚极，守静笃"，能致虚极者法天，能守静笃者法地，就是第十五章所说的"孰能浊以静之徐清"的意思。因为天地若尚在混沌时期，就是浊而不虚的状态，静之方得以清，清则虚现。

"万物并作"就是"安以久动之徐生"的意思。地主静，故能安以久。天主动，故曰"动之徐生"。天虚地静万物始能并作。

"吾以观复"，就是说只有虚极守静回到初始状态，才能观复。何谓观复？观复就是观看万物由生到灭整个重复变化的过程，也就是第一章中所说的"常有欲以观其徼"的意思。

知不知道这章的主旨是什么？

主要在讲归根复命。

万物皆由实体阴和虚体阳所构成，故曰"万物负阴而抱阳"（第四十二章）。死后实体回归于地，虚体回归于天，德则复归于道，又开始创造新的生命，此即归根复命。归根曰静，是谓复命；复命曰常，知常曰明。

何谓知常曰明？常就是经常不变的意思，凡是自然之事皆为经常不变之理，故可谓常。而"明"字就是我们曾讨论过的"不言之教"的意思。从大自然不言之教中获得的知，谓之明。不言之教一定和那些经常不变的道理有关，故曰"知常曰明"。本章，老子以天为例来解释何谓天之常。天之常意指天不自生，外其身而身存，故天能无所不容。天又不与物争，故能公正无私。人若能容能公，万物将尊奉其为王。王法天，天法道，唯道能长久永续，终身不会遇到危害。

第十六章释义　致虚守静

致虚极，守静笃，
致力法天，达到虚无之极；致力法地，专一谨守地静载万物，不去干涉万物的生长。

万物并作，吾以观复。
万物自然能各得其所，欣欣向荣，我则以虚静的态度观察其由无到有、由有到无的生生不息、反复变化之常理。
（此即第一章所言"常有欲以观其徼"。）

夫物芸芸，各复归其根，
芸芸万物变化流动，最后都回归其最初始之根源。

归根曰静，是谓复命。
归其根源就叫静，静又是生命的开始，故曰复命。

复命曰常，知常曰明，
复命乃自然之常理，知道自然之常理通则者，是谓明。

不知常，妄作凶。
不知常理之人，则无自知之明，故易妄作非为，惹祸上身。

知常容，容乃公，

懂得外其身而身存者，自能做到有容乃大无所不包，无所不包方能做到公正无私。

（参阅第七章）

公乃王，王乃天，

公正无私自能得到众人的爱戴，得为王。得民心者，得天助。

天乃道，道乃久，没身不殆。

天法道之虚无，既为虚无自能长久永续，无物能侵，终身不会遇到危害。

【要点提示】

我给"明"下个简单的定义：凡从天地所得到的知，均可谓之"明"，也就是中国人最崇尚的理念"天人合一"，这才是老子所崇尚的"知"。本章天地给我们的不言之教就是"致虚极，守静笃"。

第十七章

【原文】

太上下知有之
其次亲而誉之
其次畏之
其次侮之
信不足焉有不信焉
悠兮其贵言
功成事遂百姓皆谓我自然

【问题讨论】

老子把治国分为四个等级，邵雍把政治也分为四个等级，即皇、帝、王、霸四级，正和老子学说相符，阐释得非常到位，节录于后："用无为则皇也。用恩信则帝也。用公正则王也。用智力则霸也。霸以下则夷狄，夷狄而下，是禽兽也。"这样大家比较容易看得懂。下一句"信不足焉，有不信焉"，知道是什么意思吗？

知道。就是说，居上位者诚信不足，百姓就不会相信他。

这句话的意思你们都明白了，但这话和上下文有什么关联吗？

好像有，又好像没有。

这句话我觉得出现得有些突然，这不是大家都懂的道理吗？值得写进文章吗？在此之前的文章可以说是章章精彩，唯独这一句，照字面来解释，总觉得文句有些不通畅。再说这句话的位置，正是全文承上启下的转折点，不懂这句就无法连贯全文的意思。试想，诚信不足固然不好，但是不是诚信足了就好了呢？若诚信足老百姓就满意了，那百姓怎么会说"我自然"呢？再说，诚信是一种有为的表现，和老子的理念也不合。

这点可真没想到，确实值得商榷。

老师讲讲自己的想法，供大家参考：

若人独处，就不会有信誉的问题；开始与人接触，才会有信誉的问题。信是一种与他人的约定，既然约定了，就要去做，这就是有为的开始。有为则可能造成诚信不足，因此主张无为，无为则无不信，"功成事遂，百姓皆谓我自然"。如此一来，此句既可承上启下，又能符合老子的旨意。

第十七章释义　皇帝王霸

太上下知有之，
最好的国君以无为治国，民众知道有君王存在，大家都过着自己喜欢的生活。

其次亲而誉之，
次一等的国君是立善施惠，以恩信治国，使人民得以亲近而又称赞他。

其次畏之，
再次一等的以公正威严治国，使民众畏惧他。

其次侮之，
再次一等的就施以刑罚，使民众觉得受到轻慢，憎恨在上位的人。

信不足焉，有不信焉，
信是一种约定，是有为之始，有为则可能造成诚信不足，民众自然就不会相信他。

悠兮其贵言。
细思之，这真是宝贵的言论。居上位者应慎言，不应有为，轻许诺言，容易失信于百姓。
（亦可译为：轻诺乃有为之始，故曰轻诺必寡信，这是很值得深思的宝贵言论。详见第六十三章。）

功成事遂，百姓皆谓我自然。

功成事就，不应自恃其功，应该让百姓觉得，这一切都本应如此，是最自然不过之事，这才是最好的国君。

第十八章

【原文】

大道废有仁义
慧智出有大伪
六亲不和有孝慈
国家昏乱有忠臣

【问题讨论】

这章只有简短的四句，但这四句就告诉了我们老子的伦理思想蓝图，看看你们能否找出。

老师，后面两句能懂，但是头两句就不懂了，好像老子不赞同仁义和智慧。一个国家少了仁智，那会是个什么样的国家？

要想知道原因，就必须知道那个时代的治国演变过程。老子在第三十八章中提到"失道而后德，失德而后仁，失仁而后义，失义而后礼"。这就是老子说"大道废，有仁义"的原因。第十七章谈到，邵雍把政治分为皇帝王霸四种，他也把无为之道列为最高，把仁义则归入了恩信之列。第二句"慧智出，有大伪"就是下一章所说的"绝圣弃智"，这个问题合并到第十九章再和大家详谈。

第十八章释义　　孝慈仁义

大道废，有仁义。
废弃无为之大道，就会出现有为之仁义。

慧智出，有大伪。
有慧智之人出现时，就会有大虚伪的事产生。

六亲不和，有孝慈。
家庭不能和睦相处时，才能看出谁孝顺、谁慈爱。

国家昏乱，有忠臣。
国家在昏乱败亡之时，才能彰显出忠臣。

【要点提示】

老子所提出的道、德、仁、义、礼等的社会演变过程，是否在当今社会还能找到？

请留意，老子当时用的"慧智"非我们今日所常用的"智慧"。

第十九章

【原文】

绝圣弃智民利百倍
绝仁弃义民复孝慈
绝巧弃利盗贼无有
此三者以为文不足
故令有所属见素抱朴少私寡欲

【问题讨论】

　　第十九章应该是《道德经》中最有争议的一章,因为它的内容完全违背了传统美德,整个社会都无法认同,但又不敢批评老子,因此尽量替老子往好处想,却总是寻找不出解决之道,最后大家统一口径,认为是传抄笔误。现从中国网"文化中国"(http://cul.china.com.cn/)节录一篇报导,供大家参考:

　　1973年长沙马王堆汉墓出土了帛书《老子》甲乙本两种佚籍,1993年10月湖北荆门市沙洋县郭店村又出土一批楚简《老子》等,均引起学界轰动。

　　郭店楚简《老子》有助于澄清对老子与儒家关系的认识。学界从来认为老子反对儒家的仁义观念,提倡回归小国寡民的原始农业社会,仁义是大道废坏后的产物。这在传世王弼注本《老子》与帛书甲乙本中写得明白:"绝仁弃义,民复孝慈。"这似乎是铁案。但楚简《老子》却没有此语,只有"绝智弃辩""绝巧弃利""绝伪弃虑"这样的话语,是主张绝弃机巧诈谋,并不是不要仁义。楚简的本子最早,反映出原本《老子》没有反对仁义的观念,所以传世本反仁义的很可能是后人对《老子》思想的引申改动。(文章来源:《太原日报》)

　　首先谈谈有关版本年代早晚的问题。考古出土的郭店本固然是至今发现的最早版本,但是王弼所用的版本,源自何时也没人知道,或许比郭店本还早。如何证明?我是依据文章的内容来判断。工弼的版本记载着"绝圣弃智,民利百倍。绝仁弃义,民复孝慈",这明明是两句高深的道家哲理,由于历代文人学者都无法破解这句话的含义,故而删改其意变为"绝智弃辩,民利百倍。绝伪弃诈,民复孝慈"。经删改后的句子,完全误解了老子的原意。西

方历史上也曾出现过"绝圣弃智"的革命思潮，西人不惜为此理想发动战争，从而改写了整个西方的历史，同样的理论在中国却至今尚在争论。他山之石可以为错，让我们从西方的"绝圣弃智"之战，来窥探老子的苦心孤诣。

只要读过西方历史的人，都应当知道马丁·路德这位传教士。大家能不能告诉我，他对世界有什么重要的贡献？

他给人类最大的贡献就是把《圣经》从拉丁文翻成德文，从此民众都能接触《圣经》，直接与神交流。

没错！这是他的伟大功绩。中国人常言三不朽：立德、立功、立言。你们觉得他的贡献应当归为哪一类？

立言？

不对！因为那是翻译别人的作品，不是自己的创作，所以不能归为立言。

那就是立功了？

可以这么说。毕竟翻译整本《圣经》，不是件容易的事，确实要花不少功夫。他还有没有比这更大的贡献？

创立了基督教新教路德宗。这个不朽功绩应该属于哪一种？功还是德？

一般而言，功是比较容易看得见的，例如翻译《圣经》。至于为什么他冒着生命危险，还要去奋斗，却很少人知道，这才是最重要的。也就是说，他心中有个理念，这个理念才是推动马丁·路德勇往直前的原动力。若他只是奉行前人的理念，那就只能说他做到了立功，却还达不到立德的境界。但若他所奉行的理念，是他自己创造出来的全新观念，那就是立德了。

立德与立功有什么区别呢？

他为此所做的一切工作，可以看作形体。而畜养这一切的原动力，则是藏在他心里面的一种理念，一种生命的原动力，虽然看不见却实实在在地存在，因此创立了新教

路德宗也可算作立功一件,而其思想中心的原动力,一种创新的哲学理念影响后世深远,这才能算是立德。至于马丁·路德创新之德是什么,就很少人知道了。由此可以看出立德与立功的区别,立功者显,立德者功成而不居,常不为人所知。马丁·路德所立之德,即为其创新的哲学理念,就是老子所说的"绝圣弃智"。

马丁·路德那个时代正是西方中古世纪神权统治的时代,一切都得听命于神,而神在地上的代理人就是教皇,因此教皇就成了圣人。当时的智慧都源自《圣经》,唯独教皇拥有解释《圣经》的最高权力。因此教皇可以说是集圣与智于一身,所有信徒都应效法教皇,并且听从他的智慧教导。他同时还有审判的权力。若碰到好的教皇统治,就会出现圣人之治;若遇到腐败的教皇,社会就道德沉沦民不聊生。马丁·路德时代正值教会腐败到极点,教皇为了能搜刮更多的钱财,开始贩卖赦罪或赎罪券,也就是鼓励犯罪。谁犯了罪都没关系,只要花钱买张赦罪券,罪就得以赦免,死后仍然可以上天堂。马丁·路德再也看不下去这种败坏的行径,于1517年发表了《九十五条论纲》,反对教会的不当行为,高举绝圣弃智的革命理论,主张人不应效法集圣与智于一身的教皇,而应以神作为榜样,直接与神交流。要想与神直接交流,信徒就必须能自己读《圣经》。但当时《圣经》是用拉丁文写的,除了神职人员能读懂外,普通百姓是无法读的。为了实现这个直接与神交流,全民读《圣经》的愿望,马丁·路德开始着手翻译《圣经》。

马丁·路德和教皇之间的"绝圣弃智之战"持续了三十年,这就是西方史上著名的三十年宗教战争。最值得思考的问题是,同样的理念中西方为何会形成完全不同的结果?

教皇之所以能成为圣人,并不是因为他的德行,而是靠着他的职位,谁得到这个职位,谁就是圣人,有如中国

之天子。反观中国的圣人都是用毕生的努力，经世代认可，方能成为圣人，也可以说是无懈可击的完人，而且是不能世袭的，因此中国人对圣人的要求远远超越西方。西方一说到绝圣弃智马上就能接受，因为是弃绝教皇，直接与神交流，是用更好的来替代较差的，当然容易被接受。而中国圣人的地位至高，甚至超过自己的先人，应当说中国的圣人就是中国人共同的祖先，国人均以此为荣，若言绝圣弃智就等于说是欺宗背祖，是无法原谅的，从没人想过还有比圣人更好的模范。老子认为思想中最好的理念是无法用语言文字来表达的。老子的目的是追求那最深邃又无法用语言文字表达的明，而不是用语言文字能表达的糟粕。圣人有许多无法用言语表达的上等理念和技艺值得我们学习，但这一切都随着他们的逝去而失传，能留下来的仅是那些能用文字可以表达的次等思想和技艺。既然是次等的，那有什么值得去学习？因此老子主张绝圣弃智，回归天地。圣人虽然把他们的至高理念带走了，但其智慧之源仍然隐藏在天地之中，因此老子才希望大家能效法圣人的老师，那就是天地。圣人因能法天地，故能成圣，那我们为何不能跳过圣人，直接效法天地呢？圣人有如教皇，天地即为神，绝圣弃智就是回归天地的意思。圣人固然也可以成为我们效法的对象，但回归天地、天人合一才是我们追求的理想境界。

我们如此误解了老子，真感到惭愧！

在中国还发生过一次"绝圣弃智"之争，最终以和平收场。有没有同学知道？

这么大的事件怎么从未听过？

因为这又和立德有关，所谓"功成而弗居"，所以大家都忽略了。中国历史上还有一次"绝圣弃智"之争，最后用至高的智慧和平解决，那就是六祖慧能创立禅宗南宗。

许多禅师把禅宗的思想归纳为四句偈："教外别传，不立文字，直指人心，见性成佛。"现就从这四句偈来分析。

教外别传：慧能创建禅宗南宗，有如马丁·路德创建新教路德宗。

不立文字：即不言之教。

直指人心：也可说是自知之明。我曾解释过，自知之明可分为两种。一种是儒家的，以人性为主；另外一种是道家的，以天地为主。慧能取道家不言之教的方法，探究儒家人性之真，从而创立禅宗南宗。

见性成佛：绝弃集佛家圣智于一身的佛，回到明心见性的悟。果真如此，定会遭到信徒的反对。最后慧能想出一个办法，为佛下了新的定义，成为一代宗师，即"见性成佛"。把佛与自性画上等号，和而不同，赋予佛教更丰富的内涵，消弭争端于无形，创立了中国式的佛教，在立德史上又平添了一则佳话！

听了老师的讲解，茅塞顿开，真让我们感到惭愧！那佛教、禅宗和道家有何区别？

这是个很好的问题！佛教是宗教，道家和禅宗是哲学。

那哲学和宗教又有什么不同？

哲学和宗教最大的不同，从理论上看，宗教乐于探讨前世或来生，而哲学则只谈现世。从认知观点来看，中国哲学家都有一个共同的特点，奉行"知之为知之，不知为不知，是知也"。由于哲学家不知前世或来生，所以就不去论断。反观各家宗教，一定要谈前世或来生，否则就不是宗教。还有一样不同之处：宗教追求唯一，中国哲学追求和而不同。哲学强调"尽信书不如无书"，却没有一个宗教会说"尽信宗教不如无宗教"。

中国传统社会的思想主流就是儒家和道家，在出家人的世界也有两派，即北宗佛教和南宗佛教即禅宗。北宗佛

教有如儒家，南宗禅宗则似道家。请看下文，就能知晓儒、禅、道思想的大要：

孔德如日，普照大地。

禅心月满，苏我心灵。

道心月弦，点化天心。

为何老子又说"绝仁弃义，民复孝慈"，难道我们又误解老子了？

《道德经》第三十八章中提到"失道而后德，失德而后仁，失仁而后义，失义而后礼"，这是一段非常完整的中华文化发展史，也是中国人在不同时代用过的各种治国之方，全民的行为准则。有关仁义礼大家多少都能了解，但道与德指的是什么？为什么排在仁义之前？对此就很少有人去思考，老师也不例外。只知道儒家讲仁义，西方宗教也提倡爱。那老子的主张是什么？难道还有比这更高的理念吗？

本章提到"绝圣弃智，民利百倍。绝仁弃义，民复孝慈"，据此看来孝慈应该在仁义之上。那孝慈是否就是用道德治理国家时的典范？老子并未明言。但这点确实太重要了，因此我试着从《道德经》中去找答案。

在第二章中老子提到"是以圣人处无为之事，行不言之教"，不言之教的意思就是自然之教，自然不会说话，却用大自然中的例子向我们暗示，来教导我们。也就是古人常说的"仰则观象于天，俯则观法于地。观鸟兽之文与地之宜，近取诸身，远取诸物"。这些都谈到了如何依据天地之法则，寻找出物我之理。现就从老子所归纳出的天地法则来分析老子的伦理道德观。

老子在第七章中谈到天与地的特性：

"天长地久，天地所以能长且久者，以其不自生，故能长生。是以圣人后其身而身先，外其身而身存。非以其无私邪,故能成其私。"

不自生的意思就是无为而成,因为天地能包容万物,不与物争,随物而生,故能长生。后其身而身先,此就地而言,意为:圣人法天地,不与人争,善为人之后,反而能借人之力,走在他人的前面,正如泰山不让土壤故能成其大,河海不择细流故能就其深。地主下、主后,故曰"后其身"。外其身而身存,此就天而言,天主上、主外,故曰"外其身"。能做到无我,包容万物,则身自长存。

由此能看出,老子之天具有以下几个特点:不自生,能做到无为、无我,包容万物,这就是天之慈。老子之地的特点:不自生,能做到无为、无争,完全顺服于天,愿为人之后,此乃地之孝。天以慈卫地,地以孝侍天,此即老子之天地与慈孝的关系。此理运用到治家,天慈地孝就是以天为父,子为地,故曰父慈子孝,乃法天地不言之教也。

世人皆知儒家重视孝道,却不知道家也重视孝道。事实上孝道也不是只有儒道两家重视,早在孔老之前的社会,就已经是一个道德仁义礼并存的时代。老子主张以孝慈治国,故曰:"绝仁弃义,民复孝慈。"孝是中国固有的传统美德,难怪古人有言"百善孝为先""家有孝子不绝其祀"。历史上尧传位于舜,因为舜是个孝子;舜传位于禹,因为禹能法天。做到外其身、无我之慈,这就是老子的伦理观。

由于科技进步、医药发达,人们平均寿命逐渐增长,造成许多养老的社会问题,这时才体会到孝慈更是安定社会的重要基石。

第十九章释义　绝圣弃智

绝圣弃智，民利百倍。
摒弃圣人和智者，人民能受益百倍。

绝仁弃义，民复孝慈。
摒弃仁义，人民自然会回到孝慈。

绝巧弃利，盗贼无有。
摒弃巧利，使民不贵难得之货，盗贼自然消失。

此三者以为文，不足。
此三者可以美化外表，但仍有些不足之处。

故令有所属，见素抱朴，少私寡欲。
因此当将此三者归属于其内在的本质上，就是要能做到纯真朴实，减少私心和欲望，才算完美。

【要点提示】

将第十八章"大道废，有仁义"和第十九章"绝仁弃义，民复孝慈"合在一起，就可以看出老子此处的大道就是孝慈的意思。另外老子提到"国家昏乱，有忠臣"，可以看出老子的伦理观：在上位者当法天之慈爱民如子；百姓应法地之孝为国尽忠，在家庭则为父慈子孝。

绝仁弃义：弃绝有为之仁义。民复孝慈：让民众又回到天地无为之孝慈。

法圣的意思就是模仿圣人的言行，最好的方法就是模仿。只要有心谁都可以学，重视"行"。绝圣的意思就是模仿天地自然之教，虽然都是模仿，但其要求特别高。首先要能发现天地自然要教我们什么，这就是"知"，老子称之为"明"，找到"明"后才能去模仿。这不是一个从有到有的模仿，而是从无到有的创造。强调"知行合一"，可谓难上加难！非人之上者是无法做到的，或许这就是"不言之教"被忽略的原因。

宗教和信仰还有一个重要的区别，现代主流宗教除了讲前世或来世外，还都主张唯我独尊，强调"一神论"。

第二十章

【原文】

绝学无忧
唯之与阿相去几何善之与恶相去若何
人之所畏不可不畏荒兮其未央哉
众人熙熙如享太牢如春登台
我独泊兮其未兆如婴儿之未孩
儽儽兮若无所归
众人皆有余而我独若遗
我愚人之心也哉沌沌兮
俗人昭昭我独昏昏俗人察察我独闷闷
澹兮其若海飂兮若无止
众人皆有以而我独顽似鄙
我独异于人而贵食母

【问题讨论】

老子有四绝,前面谈到过绝圣弃智、绝仁弃义、绝巧弃利,相信你们都能理解,也可以接受了。现在又来个绝学无忧,对此你们怎么理解?

如果不用学就能无忧,那我们还上学干吗?还希望老师能开导开导,让我们能觉得上学是一件有意义的事。

首先要知道"学"字的意思,谁可以告诉我们?

学应该就是学习或学问的意思。

对了。接下来就要问,学什么能解除我们的忧虑?学什么会引起忧虑?

学了专业能解除我们的忧虑。至于学什么会引起忧虑,这点想都没想过。

谈到这个问题必须先解释一下,中国的教育制度,千年来都是建立在有为的基础上,突然要以无为来代替,是不合实际的。所以只能在有为的基础上,加入一些老子的理论方法,以弥补有为教育之不足。但也有一个最理想的办法,就是由国家或企业出资,根据老子不言之教的理论,创建一所老子学院,从幼儿园开始教育到大学,这样才能和现有的体制比较出优劣。我对老子还是很有信心的,或许我们能创出一种学制,让世界都来向我们学习。

言归正传,其实老子已经给出了解决之道。第一句言明主题"绝学无忧",答案就在最后一句"而贵食母",就是尊道贵德的意思,也就是要学习天地不言之教。凡是经由不言之教得到的知,都是我们要学的,对此老子也绝不会反对。而老子想要绝的学问,就是第二句所讲的"唯之与阿相去几何?善之与恶相去若何?"这是一种学习分辨的学问,例如贵贱、善恶等。所以,荣辱贵贱有何差别?善与恶有何不同?不过就是同出而异名,从不同的观点出

发，就会有不同的看法，例如胜者为王、败者为寇。若能达到无分别意识的境界，这些就不需学了，烦恼忧虑也自然消失，故曰"绝学无忧"。这样就懂了吧？

懂了。原来"老子四绝"居然是提升我们灵性的四大妙招！那"人之所畏不可不畏"又是什么意思呢？

大家都知道孔子所说的"己所不欲，勿施于人"，它和老子的"人之所畏不可不畏"是同样的意思，只是孔子主张主动有为，老子则反其道而行，主张被动无为。两者都是为了追求和平，全世界至今都还没有比这更先进的理论。这也是孔子和老子待人处世的指导原则，是全书中非常经典的一句话。从字面上来看，相信你们也都懂，可以解释为：世人所畏惧之事，我不能不畏惧。能不能举个例子来说明？

别人怕生病，我也不得不怕病。别人怕死，我也不得不怕死。

这样说也对，这只是人之常情，不用说也知道。老子讲这话的意思是不要和别人争，例如别人怕得病而你不怕，但你一定要尊重别人的想法，别去和人争；现有个好位子，大家都想要争取，都怕失去，你就别和别人争。这就是"人之所畏不可不畏"的意思。第十三章中提到的"宠辱若惊"就是最好的例子，大家都怕失宠，因此千万别去争宠，如此自然无忧。因此我们可以将老子这几句话，归纳为两句话："绝学可以无忧，畏人之所畏亦可无忧。"

荒兮其未央哉，是什么意思？

首先要分辨这句话是承接上句还是下句，若是和上句有关就可注解为：世人这种为学日益荒诞的行径，不知何时才会了结。若和下句有关，可注解为：世人这种奢华荒诞的行径，不知何时才会了结。

王弼注解为：叹与俗相返之远也！由此看来，这句话和下面的句子有关，感叹作者与众人截然不同的生活方式。接下来几句均为描写两者不同之处，老师把句子的顺序重新安排，比较容易了解。

原文如下：

众人熙熙如享太牢，如春登台。我独泊兮，其未兆如婴儿之未孩。傫傫兮，若无所归。

重新编排如下：

众人熙熙如享太牢，我独泊兮，其未兆如婴儿之未孩。（众人熙熙）如春登台，（我独）傫傫兮若无所归。

果然意思没变，读起来较顺。老师，如婴儿之未孩，是什么意思？

老师一直以为哭笑都是与生俱来的，直到自己的孩子出世后，每天给孩子摄影，到了第七天才发觉孩子的笑容。或许每个孩子开始笑的时日不尽相同，但笑不是与生俱来的，却让我感到讶异。未孩就是指还不会笑的婴儿，此时正是还处在没有分别意识的阶段，那也是道家最理想的境界：朴。一有了笑，就代表开始有了分别的意识，也就离开了朴，犹如西方的亚当、夏娃偷吃了伊甸园中的果子后，就有了分辨善恶的意识，终被逐出天堂，来到人间。

现将一些不容易懂的词句，注释于后。再配合老师的解释，你们应该就会懂了！

熙熙：和悦貌。熙熙攘攘皆为利而往来。

太牢：牛、羊、豕三牲。

傫傫：疲劳或懒散。

沌沌：混沌元气未判。

澹兮：恬静貌。

飂兮：飞扬貌。

第二十章释义　畏人之所畏

绝学无忧！
　　为学日益，为道日损（第四十八章），能绝分辨贵贱、善恶之学，则道无损。故无忧。

唯之与阿相去几何？善之与恶相去若何？
　　荣辱贵贱有何差别？善与恶有何不同？
　　（唯是下应上的语气，代表贱。阿为上对下的语气，代表贵。）

人之所畏不可不畏！
　　世人所畏惧之事，我不能不畏惧。
　　（尊重别人，别去惹是生非，更不能用世人所畏惧之事，作为行事为人的准则，免得引起不必要的纷争）。

荒兮，其未央哉！
　　这种迷失荒诞的行径，不知何时才会了结！

众人熙熙如享太牢，如春登台。
　　众人皆像有着享用不尽的大餐，看不完的春光美景似的，纵情于欢乐、名利。

我独泊兮，其未兆如婴儿之未孩。
　　我独好淡泊宁静，纯朴得像一个还不会笑的婴儿。

傫傫兮，若无所归。
众人如春登台，我则似倦无所归。

众人皆有余，而我独若遗。
众人皆志得意满，而我则像是若有所失。

我愚人之心也哉！
我的心思有如愚人一般啊！

沌沌兮！俗人昭昭，我独昏昏；俗人察察，我独闷闷。
清浊不分啊！世人皆光鲜昭著，我则昏昧无智；世人多能明辨是非，我独昏然无所识。

澹兮，其若海。飂兮，若无止。
恬淡无欲如海，飘逸如风，无所执着。

众人皆有以，而我独顽似鄙。
众人皆愿有所作为，我独昏闷无用，似冥顽不灵。

我独异于人，而贵食母。
唯独我和世人不同，尊道贵德，因为此乃天下之母，生之本也。

【要点提示】

　　中国人的待人处世之道，都奉行孔子的哲理"己所不欲，勿施于人"。翻成白话就是：自己所不喜欢的就别强加给别人。但世人常常把这句话解释成：自己所不喜欢的，不应该给别人；但自己所喜欢的，就可以给别人。正是这一误解，造成天下大乱。例如，当年欧洲十字军东征，西方自认为基督可以拯救世界，因此要把基督教的博爱精神传遍世界，甚至不惜发动战争。试看今日世界，西方传播民主的方式，不正和当年一样，主观意识越强的国家，战争也越多，何故？

　　"人之所畏不可不畏"这句话也很容易引起误解。例如，人们畏惧战争，因此我也当畏惧，但并不是说，别人不畏惧战争，我也不畏惧战争，更不能说人之所爱不可不爱。孔子和老子的这两句话，都是促进世界和平最先进的哲理。试想，以这两种理论来引导世界，世上的战争一定会减少。若仍误解先哲之苦心孤诣，随意添加言外之意，要想达到世界和平难矣！

　　盼望中国人能高举孔老名言，发扬"己所不欲，勿施于人""人之所畏不可不畏"精神，引导世界走向和平。

第二十一章

【原文】

孔德之容惟道是从
道之为物惟恍惟惚
惚兮恍兮其中有象恍兮惚兮其中有物
窈兮冥兮其中有精其精甚真其中有信
自古及今其名不去以阅众甫
吾何以知众甫之状哉以此

【问题讨论】

　　这又是一篇千年难解的文章。我也是从这篇文章和我母亲写的一首诗《风》中获得灵感，悟出了德字的奥秘。由于实在太难，因此由老师来讲，有问题时你们再问就是了。

　　全文就在谈一个德字。若不了解德字的含义，就无法解释这篇文章。首先要确定，"孔德之容"的孔字是名词还是形容词。千年来多把孔字当作形容词"大"来解，因此注解为大德之容，惟道是从，听起来也很合理。王弼把孔字注解为空也，空既可当名词，也可当形容词。但从其断句的方式来看，他还是把空字当作形容词了，否则他应断句为"孔，德之容，惟道是从"，而不能断句为"孔德之容惟道是从"。老师将其重新断句，并把自己悟到德字的历程，和大家一同分享。

　　"孔，德之容。"要想了解这句话，就先得解释德是什么。最常见的说法就是：德者得也。谁得到了？得到了什么？没说清楚。《管子·心术上》云"德者道之舍"，德者无形，似道，既然无形，自然无法成为舍，故也不易懂。苏辙谈到了道变为德后，方能展现其容貌，故曰："道无形也，及其运而为德，则有容矣。故德者，道之见。"但道如何运而为德，道的容貌究竟是什么样子，也没说清楚。

　　再用《庄子·齐物论》中风吹万物的例子来解释，什么是德：

　　子綦曰："夫大块噫气其名为风，是唯无作，作则万窍怒号，而独不闻之翏翏乎。……"

　　子游曰："地籁则众窍是已，人籁则比竹是已，敢问天籁？"

　　子綦曰："夫吹万不同，而使其自己也。咸其自取，怒者其谁邪？"

随着温度改变，空气的流动，就形成了风。风吹万物，用同样的力道，但是地上的孔窍大小则有不同，大者进风较多，小者较少，没孔窍者就拒风于外，因而产生不同的声响。至于每个孔窍该从道拿多少，全由万物自己决定，道绝不强迫。孔窍允许多少风进去，该物就得到多少，从而发出各种不同的声响，由于万物形体各异，就形成各自独有的特质。据此可知，道存在于物外，道一进入万物体内就叫德，而不叫道了，所谓同出而异名，功成而身退，这就是德者得也，德者道之现，德者道之舍的含义。由此可推而得知，地上万物都是管子所说的道之舍，万物的容貌就是苏辙所说的"道之见"。

孔字虽然有空的意思，细思之还是有不一样的地方。孔指的是体内之空而非体外之空，空字则不分体内体外，均可言空。老子为了明确表达道居于外、德居于内的理念，故曰孔为德之容，而不言空为德之容，以示区别。道之无即是空，名之为道。道之有即是孔，体内之空，名之为德。孔源自空，犹如德源自道。孔正是道冲进万物体内时的通路。因此可以说，道与德实为一物，道虚无无体，德则虚无有实体。就像西方宗教所讲的，神用泥土造人，并在他身上吹了一口气，他就成为有灵的活人。神所吹进去的那口气，就是德。故曰：德者得也。由于是各取所需，因此不会有争夺的现象。万物自己决定，该从道拿取多少，就是多少，因此才说"孔，德之容"，而非道之容。

这里可以说：孔就是德的容貌。也可以说：孔就是德的容量，也是道要进入万物的孔道。体内越空，能容纳的道就越多，德行也就越高。因此老子劝人要宽宏大量，后其身，外其身。

接下来谈到万物成形的过程。第四章中曾和大家谈过"象帝"的意思，于此再重复解释一次：万物生成可分为

三个步骤，初始一定是无，例如道就是无，有无才会生有。有又可以分为两个阶段，先是无形之气体，谓之"象"，例如天，故曰天象。而后为有形之器物，谓之"形"，例如地，故曰地形。因此我们可以说万物皆由天地形象所构成，它们演变的顺序是：道生天，天生地。也就是先由无生象，而后由象生形。

在第十章曾谈过"（道）生之（德）畜之，生而不有，为而不恃，长而不宰，是谓元德"。本章第一句又谈到道与德的关系："孔，德之容，惟道是从。"老师又解释了道居外德居内、德者道之舍等问题。这些都只谈到道如何创造生命的过程，解释了道生之的含义，却未曾提到德畜之的问题。从第二句开始，就是在描述德在形体内如何畜养万物的过程。德者既然是道之舍，那什么才是德之舍？老师认为德之舍就叫"信"。就让我们来看看，道进入形体变为德后，德在形体内的作用及其变化的过程。

首先是道之为物（即德）进入形体后，仍然处于惟恍惟惚的状态，接着就是惚兮恍兮的象（气），渐渐出现恍兮惚兮的物（形）。又不知经过了多久的游走浮动，在神秘窈冥之处生成了精，德也在此幽冥昏暗之际冲入精中，从此更名为信。精、信结合为一体后，就不再分开。精得到了信才能被称为真精，因此才说"其精甚真，其中有信"，此信即为德之化身。

道进入实体名为德，德进入实体名为信，道、德、信均为"无"的化身。以上就是德进入形体如何畜养生命的过程，万物生成皆离不开此一法则。

基督教主张圣父、圣子、圣灵三位一体。老子也主张道、德、信三位一体。

第二十一章释义　三位一体

孔，德之容，惟道是从。

孔，空也，窍也。空窍就是德的容貌，也是德的容量。凡事德都伴随道之旨意而行。故曰：孔，德之容。

道之为物，惟恍惟惚，

道冲入形体之中，更名为德，始终在体内恍恍惚惚地四处游走。

惚兮恍兮其中有象，恍兮惚兮其中有物，

恍惚之间似见其象，时而似觉有物。

窈兮冥兮其中有精，其精甚真，其中有信。

又不知游走多久，在神秘窈冥之处生成了精，德也在此幽冥昏暗无法察觉之际冲入精中，从此更名为信。精、信结合为一体后就不再分开，精得到了信才能被称为真精。故曰"其精甚真，其中有信"，此信即为德之化身。

自古及今其名不去，以阅众甫。

从古至今所有的男性生理，都据此理演变，无一可以离开德的，故用此来观察万物。（其名即德也。）

吾何以知众甫之状哉，以此。

为什么我能知道众男子的生理状态，就是依据道、德、

信的变化。

（《说文》：甫，男子之美称也。凡男子皆得称之。以男子始冠之称，引申为始也。）

本章以德入男性精子为例（卵子的形成与精子相同），阐明生命畜养繁衍的真谛，万物皆同。

【要点提示】

这章不但告诉我们德是如何在体内畜养生命的，还告诉我们形体是如何产生的。德在形体内始终不停地循环浮动，唯独在进入精子或卵子之后就不再四处游走，专心留在其中，为从事创造生命所需要的形体而工作。道与德是同出而异名，道一进入形体就不再称道，而更名为德，这就叫"同出而异名"。同样，德在进入精卵后，就不再叫德，而更名为信，这就是本章前四句话的要义。具体表现如下：

德在进入男性体内的精液化名为信后，孕育出无数的精子，精子本身无法创造形体，必须与女性体内的卵子结合方能实现，这一切过程都发生在体内而非体外。受精卵被包裹在子宫内，与体内之德分离，直到胎儿发育成熟落地来到人间，这就是德转化为信，创造出整个形体的过程。此时的婴儿仅为形体尚无生命，若此时道不将德冲入婴儿体内，婴儿就无法存活。若把德冲入婴儿体内，婴儿就会发出长啸，宣告生命诞生。这就是道创造生命与德创造形体的理论依据。

第二十二章

【原文】

曲则全枉则直洼则盈
敝则新少则得多则惑
是以圣人抱一为天下式
不自见故明不自是故彰
不自伐故有功不自矜故长
夫唯不争故天下莫能与之争
古之所谓曲则全者岂虚言哉
诚全而归之

【问题讨论】

　　曲是指球体有凹时的面,有如月亮,缺则会变满。"曲则全"就是月亮给予人类的不言之教,意指按天的规律行事,月满则缺,月缺则满,缺即曲,满即全。

　　此处之圣人是指能抱一为天下式者,不一定是指统治者。

第二十二章释义　曲则全

曲则全,枉则直,洼则盈,
凹陷会变回圆满,弯会变直,洼地则会变得盈满。

敝则新,少则得,多则惑,
旧会变新,少会变多,多则容易产生迷惑。

是以圣人抱一为天下式。
因此圣人都秉持曲则全(抱一之一即月缺则满)的至简之理,作为其行事的法则。

不自见故明,不自是故彰,
不自我表现者有自知之明;不自以为是者,自然彰显其是。

不自伐故有功,不自矜故长。

不自我夸耀者，自然容易成就事功；不自矜表其功，故能成为众人之长。

夫唯不争，故天下莫能与之争。
因为不愿争夺，因此天下没人能与之争夺。
（以上皆为曲则全的例证）

古之所谓曲则全者，岂虚言哉！
古时所谓委曲便令保全，绝非无妄之言！

诚全而归之。
所有的事情都可适用此一天理。

第二十三章

【原文】

希言自然故飘风不终朝骤雨不终日
孰为此者天地天地尚不能久而况于人乎
故从事于道者道者同于道
德者同于德
失者同于失
同于道者道亦乐得之
同于德者德亦乐得之
同于失者失亦乐得之
信不足焉有不信焉

【问题讨论】

大家看完这章后，知不知道老子想说些什么？

头两句老子想说，连天都不能做得到的事，我们人就更做不到了。但是他指的是什么事，从文中的例子无法看透，好像前后没什么关联。

这章王弼解说得很好："听之不足闻，不足听之言乃是自然之至言。"那你们能听懂自然的话吗？

老师不问我们还不知道，您一问，我们的思路就清晰多了。难道风雨就是自然的话语？

自然以无言为至言，以风雨为声为用，从而引出天地的不言之教。知不知道这章的不言之教是什么？

"孰为此者？天地，天地尚不能久，而况于人乎？"连天地都不能做到的事，我们人就更做不到了。

五日一风、十日一雨谓之风调雨顺，此乃自然的正常现象（无为），飘风骤雨属于反常（有为），老子借着天地来说明有为是无法持久的，希望能回归到无为。故而言"故从事于道者，道者同于道"。有学者认为"道者"重复出现，可能是笔误，读起来是有点不顺口，我试着添加几个字，或许有助于了解："故从事于道者，道者同于道。（从事于德者）德者同于德。（从事于失者）失者同于失。"什么是道者、德者、失者？王弼注解为："道以无形无为成济万物，故从事于道者以无为为君，不言为教。德者少则得故曰得。累多则失故曰失。"意思是说，依据什么原则办事，就会有什么结果。用无为和不言之教的方法就能与道同行；用少则得的方法就能与德同行；用飘风骤雨有为反常的做法，终将会与失同行。

文末突然来了一句"信不足焉，有不信焉"，有谁知道这句话的意思？

如果一个人平时就不讲信用，大家就不会相信他。

一般都是这样解释的。请问这句和全文有何关系？

好像没什么关系。

这还得先了解前后文的关系，才能解释出来。本章的主题是有为者无法长久，最后一句就是答案："信不足焉，有不信焉！"

老师，这和主题有何关系？

信是一种约定，是有为之始，有为则必造成诚信不足，故不能持久。同样这句话也出现在第十七章中，即"太上下知有之……信不足焉有不信焉"。也主张无为，有为则易造成诚信不足。

第二十三章释义　希言之言

希言自然，故飘风不终朝，骤雨不终日。

自然以风雨为声为用，听之不足听之言，乃是自然之至言。（第十四章"听之不闻，名曰希"。）所以疾风刮不了一个早上，暴雨也下不了一整天。

孰为此者？天地。天地尚不能久，而况于人乎？

这是谁做的呢？是天地。连天地所做的事情（有为）都不能持久，人若有为，就更别提了。

故从事于道者，道者同于道。
所以想依据道的法则行事的人，声同则应，气同则和。行事以道为依归者，就当依照道的法则行事：无为而治。

德者同于德。
行事以德为依归者，就当依照德的法则行事：德者得也，少则得，抱一为天下式。

失者同于失。
行事以失为依归者，就当依照失的法则行事：累多则失，多则惑。

同于道者，道亦乐得之。
行事合于道者，道也乐而得之。

同于德者，德亦乐得之。
行事合于德者，德也乐而得之。

同于失者，失亦乐得之。
行事合于失者，失也乐而得之。

信不足焉，有不信焉！
信是一种约定，是有为之始，有为则必造成诚信不足。

（参阅第十七章）

【要点提示】

　　道、德均本于无为，失则奉行有为，有为则信不足焉，有不信焉。

第二十四章

【原文】

企者不立跨者不行
自见者不明自是者不彰
自伐者无功自矜者不长
其在道也曰余食赘形
物或恶之故有道者不处

【问题讨论】

本章让我联想到第九章的两句话：揣而梲之，不可长保。富贵而骄，自遗其咎。

老师，能不能再讲清楚一些？

企者、跨者、自见者、自是者都是想展现自己的锋芒，犹如揣而梲之，不可长保。

自伐者、自矜者犹如富贵而骄，自遗其咎。

哦，原来是这样！

第二十四章释义　过犹不及

企者不立，跨者不行，

踮脚站者不稳，跨大步走者不宜于行。

自见者不明，自是者不彰，

喜欢表现自己者，没有自知之明，会为自己惹来麻烦。所谓知常曰明，不知常，妄作凶（第十六章）。自以为是者，反而无法彰显其是。

自伐者无功，自矜者不长。

喜欢自夸者，常是无功之人。喜欢自恃其能者，无法成为众人之长。

其在道也曰余食赘形，

从道的观点来看，这些都像是多余的饭菜，是身体的累赘。

物或恶之，故有道者不处。
凡物多厌恶这些事，有道之人是不会这样做的。

第二十五章

【原文】

有物混成先天地生
寂兮寥兮独立不改
周行而不殆可以为天下母
吾不知其名字之曰道强为之名曰大
大曰逝逝曰远远曰反
故道大天大地大王亦大
域中有四大而王居其一焉
人法地地法天天法道道法自然

【问题讨论】

第一、二十一、二十五和四十二章可以说是全书的重中之重，少了这几章，《道德经》就只能算是一本好书，但却无法称为奇书。哲学中最难的部分就是如何解释由无到有，具体而言就是生命的起源问题。西方用神创造世界之说，来解释生命的起源，名之为《创世记》。中国则用盘古开天辟地的故事来解说。严格讲两者都算是神话故事，所不同者，西方将此神话当作宗教信仰来崇拜，而中国则将其视为神话来传颂。试想若有人能创造出一种理论，解释生命的起源，那不就成了天下第一奇人！他的作品不就成了天下第一奇书！老子的《道德经》就是这么一本奇书，可惜没人能懂。事实上中国的创世理论，就记载在这几章内，由于年代久远，无人能懂，有也变成无了。这才是为什么《道德经》始终无法让人读懂的原因，也是我们对老子重大误解之处。

在第一章中老子就具体解说了道、德和众妙之门三者之间的关系。第二十一和四十二章则描述了生命的起源。本章则按其尊卑顺序，为其排列出官长制度，使万物能有所遵循。现在开始可以讨论第二十五章了。

"有物混成先天地生"指的是什么？

当然是道了！第四章中讲过"象帝之先"就是"先天地生"的意思。

真不错！还能记住以前讲的，又能活用。那"有物混成"是什么意思？

不知道。

首先要确定有物是指何物。

那一定是指德了。

为什么？

因为道是空无，不能说它是物，所以说是德。

其实此物就是指天、地、万物尚处于混沌一片的状态，故曰：有物混成。此时道与德尚未分开，仍处于"同谓之元"的状态，却尚未进入天地万物之中，各自仍保有其独立性，故曰"独立而不改"。从"周行"开始，道冲入天地万物之中变为德，从此道与德遨游于天地万物之间永无间断，故曰道"可以为天下母"。

这就说出了道的特性，并勉强给它取名叫大，字之曰道，于此可以看出道有三种称呼，即天下母、道与大。

接着就出现了一段很难解释的句子："大曰逝，逝曰远，远曰反。"谁能解释"大曰逝，逝曰远，远曰反"？

"逝"字会让人想到时间，远和距离有关，反是什么意思就不知道了。

你们的悟性不错！光看"逝""远""反"这几个字，资料太少，实在不知道老子想说什么。

让我们先来看看，老子如何解说他自己的文章，然后再反过来推敲他的原意。

老子到底想要解释些什么？

就是想要解释：何谓道大、天大、地大、王亦大？

请留意第六行的第一个字是故，这就代表老子先把"道大、天大、地大、王亦大"的理由做出了解释，然后才说"故道大、天大、地大、王亦大"。据此，老师把老子的话重新编排，看看是否合理。

何谓"道大"？

答："吾不知其名，字之曰道，强为之名曰大，故道大。"这里都用老子自己写出的文字作答，仅把顺序稍微做了改变。你们可以接受这样的编排吗？

是蛮有道理的！读起来也容易懂。

下面几句就都依照这句的形式来发挥。

何谓"天大"?

答:字之曰天,强为之名曰逝。故"大曰逝"。

注解:道开始进入到天地万物,化生为德后,就产生了一系列的变化,这种大变化就称之为逝。逝就是往或亡的意思,在这里可以解释为消逝,即道逝而德生。当混沌世界消逝之时,天地万物就随之而生。这就是中国人讲的清气上升集而成天,天无不覆故曰天大。浊气下降而成地,地无不载故曰地大。天因逝而大,地因逝而远。

何谓"地大"?

答:字之曰地,强为之名曰远,故"逝曰远"。

注解:逝曰远,浊气下降而成地,地无不载故曰远,远者无远弗届故曰地大。

何谓"王亦大"?

答:字之曰王,强为之名曰反。故"远曰反"。

注解:王就是代表地上所有生命的掌管者,就是人,故曰"人亦大",这里指的就是地上所有的万物。道与天地能永存,而万物生命则靠生生不息,反复循环,得以长存。正如第十六章所言"归根曰静,是谓复命",故曰"远曰反"。万物因为能归根复命而得与天地同存,故曰"王亦大"。

这样编排就比较容易理解了。

接下来要讨论的就是本书的重中之重。你们先看看,有没有什么不懂的地方。

应该都看得懂,就是不知"域中"是指何处。

这句话看起来很简单,却隐藏了天大的秘密。"域中"指的就是道、天、地、王"四大"的所在地。那你们能不能告诉我,"四大"存在于什么地方?

应该存在于我们的地球上。

对!老子先把他要讲的范围界定出来,就是域中。接着排出"四大"的尊卑顺序:"人法地,地法天,天法道,

道法自然"。请大家留意，突然由"四大"变为"五大"，多了一个自然。这就产生了新的问题：自然是什么？位于何处？

这个问题我们根本没注意到，一般多引用河上公的注解"道性自然，无所法也"或"道外无自然"之说。

两千多年来都是这么注解的，主张道即自然，如此就不需要再去讨论自然是什么和其位于何处等问题。正因为如此，老子的创世理论就被淹没了两千多年，世人至今尚不知道，中国还有比西方更完美的创世理论。接下来就把我的想法和大家分享。

宇宙虽是无限的，但也一定有其生成的原理原则。老子试着先找出此原理，进而将此法则运用到万事万物，从而写出《道德经》。因此要想了解《道德经》，就必须先知道老子的宇宙和生命起源论，否则很难读得懂。

老子主要是在探讨生命的起源问题，而非物质的起源。这点非常重要，因为老子也不知道，无生命的物质始于何时。因此他从尚无生命，但已具备物质形体的天地开始探讨。具体而言，当时的天地有如现今的月球世界。由月球实体和真空所组成，却还没有生命。老子认为，有道的地方就能有生命，故而提出域中有"四大"即"道大、天大、地大、王亦大"的理论。这句话的意思就是说，在某一个区域内包含着"四大"：道大、天大、地大、王亦大。至于"域中"是什么意思，老子并未明言。仅在下一句提到：人法地，地法天，天法道，道法自然。那就由"四大"变为"五大"，即人、地、天、道和自然。由此就产生了一个问题：自然是什么？是在域中还是在别的地方？

其实我也没有想过这个问题，但在翻译成德文时，德国友人一直逼问，到底中文"域中"和"自然"有何不同？我也只能很笼统地回答说，域中也属于自然的范畴。他说：

"照你的意思我只能把自然翻作宇宙。"我说不全对。结果我们查了德文对自然的定义,也是模糊不清。毕竟这些词都是在科学尚未昌明之前创造出来的,不能完全适用于现代。这时我才想到,为什么不去查查古人是怎么解释自然的。

《说文》:"然,烧也。今俗别作燃。"据此而言,古人认为凡是自己能燃烧发光的物体,都叫自然,故自然者日月是也。上古之时人类看见天上有两个大发光体,分别名为日月掌管昼夜,那道法自然中的自然,就可顺理推出其名为日月。由于日月不在地球之内,故未列入域中四大。因此我才想出"域外"这个词来代表日月(自然)的所在地。如此四大和五大就能很清楚地区分出来。德国友人也赞同了这个解释。

本章指出了万物的所在地,称其为"域中"。而域中万物当以"域外"自然之日月为榜样,效法日月之无为、无争、无欲,谨守日月不言之教,这就是《道德经》全书的要旨。老子的创世理论分为两个部分,第一部分讲述道和天地的生成,第二部分讲述万物生命的由来。这些留待第四十二章,再和大家详细讨论。

第二十五章释义　开天辟地

有物混成,先天地生,

有物混成就是指天、地、万物处于混沌一片的状态,故曰"有物混成"。此时道与德尚未分开,仍处于"同谓

之元"的状态,却尚未进入天地万物之中。

寂兮寥兮 独立不改,
寂然无声在虚空里,仍各自保有其独立性。

周行而不殆,可以为天下母。
从周行开始,道冲入天地万物之中变为德,从此道与德遨游于天地万物之间,化生万物永无间断,故曰道"可以为天下母"。

吾不知其名,字之曰道,强为之名曰大。
我不知道它名叫什么,姑且给它冠上一个字,就叫道,真要勉强给它一个具象的名,就叫大(道大)。

大曰逝,逝曰远,远曰反。
大曰逝,即道逝而德生的意思。清气上升集而成天,天无不覆故天大。
逝曰远,浊气下降而成地,地无不载故曰远,远者无处而不至故曰地大。
远曰反,万物归根复命,生生不息,谓之返。

故道大、天大、地大、王亦大。
故道大,天大,地大,王者主宰地上生命之主也,故王亦大。

域中有四大,而王居其一焉。
域中有四大,能创新者为王,故王也是其中之一。

人法地，地法天，天法道，道法自然。

人之行事要效法地，地之行事要效法天，天之行事要效法道，道之行事要效法自然。

【要点提示】

"道大""天大""地大""王亦大"中的"大"字除了得道者为大外，还代表无远弗届和生生不息。凡道所创造出的生命都可曰大。道进入到天，故曰天大；进入地，则谓地大；进入到万物，则曰王亦大。万物皆能繁衍生息，唯独人类才能创造出有限的生命。因为人能创造故得为王。

《说文》："然，烧也。"广而言之，凡自己能繁衍存活的生命皆可曰"然"。自然者就是能自己燃烧，自己能繁衍生息的意思。

道创造的生命都有一个共同点，就是能自己繁衍生息自己存活，这就是"远曰反"的意思。除道以外其他的事物虽然也能创造生命，却都无法自己存活，必须靠其他力量来维持。人虽然也能创造生命，但人所能创造的生命，无法与道相提并论。人所创造的生命无法繁衍生息，人必须不断地供给力量或能源，方能使其存活。换言之，人只能创造有限的生命。就以乐器为例，笛子本身为物质，尚无生命。人将气吹入笛子，从而产生美丽的旋律，笛子就活了起来，成就了笛子的生命。但人若不吹气入内，笛子就会失去生命，又回到物质的状态。随着科技的进步，人类发展出许多能源的替代品，来替人们服务，例如风力、水力、火力、电力，进而演变到今日之核能等等，为器物创造了无数新的动能。但它们都有一个共同点，都无法自

己繁衍，也就是不自然。老子主张人当法地，例如如何运用风力、水力、火力都是法地的成果，而电力与核能都可以说是法天而来。如今人类开始从域中之地球飞向域外之太空，开始法自然之太阳，研究核聚变，其最终目的也就是希望能做到"自然"。

当大家还在讨论生命起源之时，人类已经开始研究如何去效法自然，进而创造出生命，把人类重新送入众妙之门，回归到人类当年失去的天堂。

至此可以明了，老子在第一章中所谈到的众妙之门就是自然：

自然（众妙之门）－元或玄（此时道德尚未分）－（既分则为）道、德－天地万物。

第二十六章

【原文】

重为轻根静为躁君
是以圣人终日行不离辎重
虽有荣观燕处超然
奈何万乘之主而以身轻天下
轻则失本躁则失君

第二十六章释义 轻躁之失

重为轻根，静为躁君。
轻必以重为根基，浮躁必以安静为君。
（轻则失重，谓之浮；浮则躁动，而失静。）

是以圣人终日行不离辎重。
因此圣人行事为人时时都当如辎车般安静、稳重。
（辎车指载重、卧息之车，故安静稳重。）

虽有荣观，燕处超然，
虽然有荣华的宅邸、宽裕的生活，也应超然物外不离静重。

奈何万乘之主而以身轻天下。
无奈具有万乘威仪的国君，却用轻浮躁动治国。

轻则失本，躁则失君。
轻则浮，浮则躁，轻浮会使其失去稳重的根本。
浮躁会让他丧失心灵中的宁静。

【要点提示】

本章用辎车为例，说明重与静的重要性。古时车队出行，都会有辎车,专供载重、卧息之用,故其安静稳重。车队出行,不能没有辎车,少了它就不能成行。故辎车可谓车队之根、君。圣人若失去了重、静,就无以为圣人。

　　重、静均为地之特点,人当法地,故应不离重、静。

第二十七章

【原文】

善行无辙迹善言无瑕谪
善数不用筹策
善闭无关楗而不可开
善结无绳约而不可解
是以圣人常善救人故无弃人
常善救物故无弃物是谓袭明
故善人者不善人之师不善人者善人之资
不贵其师不爱其资虽智大迷
是谓要妙

【问题讨论】

这章一开始,老子就把他所体会到的不言之教列出,然后举出例子与实际结合。你们能看得懂吗?

字字能懂,就是不知道老子想要说些什么。善行无辙迹怎么可能?上善若水,水过都留痕,别的就更别提了。

这是注解《道德经》经常会遇到的困难,字字能懂但就是不知道它的含义。想找出适当的例子来说明,更是难上加难。例如,"善行无辙迹"的"行"字,若当作行走理解当然没错,但却无法找出一个例子来证明。若当作行事或行为来解释,就可说善行就是无为,例子也随处可见。因此在理解过程中,遇到这类问题,我都会根据有无实例的原则来处理。善者即善于以无为用者,不善者即不善于以无为用者。文中所言之善,都和无字有关,例如无辙迹、无瑕谪、善数不用(无)筹策、善闭无关楗、善结无绳约。由此可以看出,老子重视的善,一定和无有关。接着就提出圣人最好的救人和救物方法。

老子用的是什么方法?

若从具体行为来看,善行是指道与德的行为方式,道的行为模式就是生而不有,德是为而不恃。既然能做到不有、不恃,自然不会留下辙迹。

善言也可说是天地不言、不争之教,因为不言、不争所以不会有瑕疵,也不会受到责备。

本章老子用了另外一种手法来表达,老师用问答的方式,把老子的句子重新组合,就容易理解。

老子:"圣人常善救人,故无弃人。常善救物,故无弃物。"

问:那圣人用的是什么方法?

老子:最好的方法就是"袭明"。

问:什么是袭明?

袭明就是承袭天地不言、不争之教。具体的例子："善行无辙迹，善言无瑕谪，善数不用筹策，善闭无关楗而不可开，善结无绳约而不可解，是谓袭明。"

这样是不是容易懂了？

清楚多了。

第二十七章释义　上善若无

善行无辙迹，善言无瑕谪，

善行指的是无为，因为无为，所以不会留下痕迹。

无分别意识、无争之言乃善言，故无瑕疵。

（又译：善行是指道与德的行为模式，道的行为模式就是生而不有，德是为而不恃。谁能做到不有、不恃，自然不会留下辙迹，是谓善行。善言也可说是天地不言之教，因为不言不争，所以不会有瑕疵，也不会受到责备。）

善数不用筹策；

善数指的是不需借用工具懂得计算的人。

善闭无关楗而不可开，

懂得关闭之道者，不用门栓机关也能把门锁得牢不可开。

善结无绳约而不可解。

懂得捆绑打结的人，虽不用绳打结，亦牢而不可解开。

是以圣人常善救人,故无弃人。
是以圣人常用无为之法救人,因此无人会被遗弃。
(若用有为之法,靠行善来救人,就无法顾及全面,终有弃人。)

常善救物,故无弃物,是谓袭明。
常用无为之法救物,因此无物会被遗弃。这就叫作袭明(法无为之明)。

故善人者 不善人之师,不善人者 善人之资。
善者即善于以无为用者。不善者即不善于以无为用者。善者当为不善者所师法。不善者是善者的资助感化对象。

不贵其师,不爱其资,虽智大迷,
那些不贵其师,不爱其资之人,虽为智者,实乃大迷之人。

是谓要妙。
这就是关键的奥妙。

【要点提示】

智者否定无为,主张有为、有智、有欲,所以不赞同用无为之法来救人救物。这些人虽然是智者,实乃大迷。

圣人之特点：常善救人救物。

第二十八章

【原文】

知其雄守其雌为天下溪为天下溪常德不离复归于婴儿知其白守其黑为天下式为天下式常德不忒复归于无极知其荣守其辱为天下谷 为天下谷常德乃足复归于朴朴散则为器圣人用之则为官长故大制不割

第二十八章释义 常德

知其雄，守其雌，为天下溪。为天下溪，常德不离，复归于婴儿。

知道阳刚为雄，其势必消，谨守阴柔为雌，其势必长的道理，即守雌为雄之本，行事为人自当仿效低下的溪谷。

能成为天下最低的溪谷，必能常得（德者得也）而不离，万物自然来归而不离，又回到婴儿那样势必长而不消的初始状态。（此以人为例。）

知其白，守其黑，为天下式。为天下式，常德不忒，复归于无极。

万物皆由实体阴（黑）和虚体阳（白）所构成。黑为实为有，白为虚为无。此即负阴抱阳的意思。

第十一章有言"有之以为利，无之以为用"，意指有（为黑为阴，代表形体、地）是为了便利无（为白为阳，代表形体内的空即天）的各种功用而存在。想要白能发挥其功用，必须先有健全的黑才行，即守黑为白之理，以此作为天下之法式，万物则能常得而不失，不会有所差失，又回归于无极。（此就万物而言。）

知其荣，守其辱，为天下谷。为天下谷，常德乃足，复归于朴。

知其荣守其辱，此即天覆地载之功。天地之荣，源于天地能容忍，也就是后其身而身先、外其身而身存的道理。谷乃集天地溪三者而成，可为知荣守辱的典范，有如天下的山谷能以雌包容一切，故能成其山谷之荣。

得为天下谷，常得自然丰足，又回到万物初始与道融合的状态——朴。

（儒家亦有言："天将降大任于是人也，必先苦其心智，劳其筋骨……"此皆就行事为人而言。）

朴散则为器，圣人用之则为官长，故大制不割。

朴一经有为处理或加工，就形成各种不同的器物，圣人观察使用后将其命名，定出各种名分之高低尊卑，为它们制定出官长之制，使万物有所遵循，仅此而已，不应再细分，分得越细争论也越多。大制者能全物之性，故不割。

（大制者知雄守雌，知白守黑，知荣守辱，故能不割。）

【要点提示】

这是一个很深的哲理，多是依据月亮的不言之教而来，守弱曰强。详情请看释义，因此就不再和大家逐一讨论。还有两个要点要解释一下：

朴：指的是尚未经过处理或加工的带皮原木。原木遵照道无为的法则成长，因此尚未离开道。经过处理或加工（即有为），就离道越来越远。因此老子崇尚原木，因其最接近道的缘故。此处之朴亦可广义解释为，所有遵照道法则存活的事物。

官长：定出各种名分之高低尊卑，使万物能有所遵循，仅此而已，不应再细分，分得越细争论也就越多。

这章也提到圣人乃是能制定官长制度的人。

第二十九章

【原文】

将欲取天下而为之吾见其不得已
天下神器不可为也
为者败之执者失之
故物或行或随或歔或吹或强或羸或挫或隳
是以圣人去甚去奢去泰

【问题讨论】

本章的"不言之教"是什么?

就是去甚、去奢、去泰。

那"物或行或随,或歔或吹,或强或羸,或挫或隳"是什么意思?和不言之教有什么关系?

坊间诸多译本注解为:因此万物各异,或有事物行而在前,或随而在后,或得温暖而荣发,或受寒风吹而凋零,或盛而强,或衰而弱,或挫而受阻,或遇隳而毁坏。但是为什么要谈这些,和不言之教有什么关系就不知道了!

本章的不言之教也可以说是"为者败之,执者失之",那该怎么办才好?老子提出了解决的方法,首先说明万物各有特点,没有什么好坏、前后、寒暖、强弱等分别。只要能做到去甚、去奢、去泰就好。

噢,原来是这样!

知不知道为什么圣人要去甚、去奢、去泰?

不就是要大家知足吗?

能不能在自然界中找出个例子?

整个自然界不都是无争吗?既然无争,不就代表满足吗?

太阳和月亮也都不争吗?

对呀!

虽然它们也都不争,但其使用的方式却不同。太阳始终处于盈满状态,因此它必须不断地释放出热能,这种现象称为"损有余"。而月亮则怕满,满招损,故喜欢处于不盈满的状态,因此能接受帮助,这就叫作"补不足"。这就是第七十七章中所讲的"天之道损有余而补不足"。请问,去甚、去奢、去泰是太阳还是月亮的不言之教?

那应该是太阳的吧。

太阳和月亮有个共同的特点，都忌满。太阳是因为过满，因此要主动减损。月亮则因为怕满，因此尽量去规避它，不希望达到满，一满就躲开，回到不满的状态。因此两者都主张去甚、去奢、去泰。但去字含有主动的意味，本章所讲的应该是太阳的不言之教。若是月亮的不言之教，就应当把去字换为避字，即避甚、避奢、避泰。

第二十九章释义　去盈

将欲取天下而为之，吾见其不得已。
想要靠有为得到天下，我看注定是得不到的。

天下神器 不可为也。
天下好比是神圣至尊之物，无法靠有为去占有或取得。

为者败之，执者失之。
有为者一定失败，想占有者也一定会丢失。

故物或行或随，或歔或吹，或强或羸，或挫或隳。
因此万物各异，或有事物行而在前，或随而在后；或得温暖而荣发，或受寒风吹而凋零；或盛而强，或衰而弱；或挫而受阻，或遇隳而毁坏，均当顺从天之道——损有余而补不足。

是以圣人去甚、去奢、去泰。

因此圣人应当法天,去除过满、奢华和富泰。

【要点提示】

这一章要求圣人能做到去甚、去奢、去泰。这些不只和统治者有关系,其他人也应该努力做到。

去甚者去有为、有执。去奢者不贵难得之货。去泰者即去有余,不见可欲也。

第三十章

【原文】

以道佐人主者不以兵强天下其事好还
师之所处荆棘生焉大军之后必有凶年
善有果而已不敢以取强
果而勿矜果而勿伐果而勿骄
果而不得已果而勿强
物壮则老是谓不道不道早已

【问题讨论】

不知你们有没有留意到,这一章和上一章有何不同?

上章谈到如何取天下,这章则是谈如何用兵。

我们先来看写作方式。以往老子是先提出不言之教,然后作出解释。这两章却正好相反,先作出说明,最后才提出不言之教。这章的不言之教是什么呢?

本章的不言之教就是"物壮则老,是谓不道,不道早已"。

这两章实在很有意思,都在表达"天道忌满"的哲理,但却用了两个不同的例子。上一章是以太阳为例,主张"去甚、去奢、去泰"。这一章则是以月亮为例,主张"物壮则老,是谓不道,不道早已"。

本章并不难懂,只需要知道"果"字的意思。果,指战果、成果,或指达到目的。

第三十章释义　善果

以道佐人主者,不以兵强天下,其事好还。

以道辅佐君主治国者,不会靠武力强取天下,因为以战屈人之兵,他人亦以战争还报。

师之所处,荆棘生焉。大军之后,必有凶年。

军队所到之处，荆棘随之丛生。战争过后，必定会有困苦的岁月。

善有果而已，不敢以取强。
善于用兵者，只求目的达到就结束，不敢用强力去夺取更多的战果。

果而勿矜，果而勿伐，果而勿骄，
目的达到后，不应自负、自夸，更不能骄傲。

果而不得已，果而勿强。
作战的目的虽然达到，那也是出于不得已而战，不应得到战果后，还继续霸凌对方。

物壮则老，是谓不道，不道早已。
事物发展壮大后，随之而来的就是老化衰败的开始，此乃不依道行事才会有的现象，行不合于道的事，绝无法长久，失败是注定的。

第三十一章

【原文】

夫佳兵者不祥之器物或恶之故有道者不处
君子居则贵左用兵则贵右
兵者不祥之器非君子之器
不得已而用之恬淡为上
胜而不美而美之者是乐杀人
夫乐杀人者则不可得志于天下矣
吉事尚左凶事尚右
偏将军居左上将军居右言以丧礼处之
杀人之众以哀悲泣之战胜以丧礼处之

【问题讨论】

这一章阐明了中国人看待战争的态度,即"不得已而用之,恬淡为上"。战争没有胜者,故以丧礼处之。如此先进伟大的思想放在今日世界,亦无出其右者。

这里有个很有趣的问题,不知你们是否知道:为什么丧礼以右为尊?

不知道!

按照中国五行哲理,太阳从东边升起,代表生命之初生;从西边下山,象征着消逝。在绘制地盘图或地图时,以左为东,右为西,上为南,下为北。战争代表着消灭,故以右为尊,平时则以左为尊。最有意思的是,当我和德国友人翻译至此时,他说,西方只知道太阳从东方升起,西方落下,却没有左升右降的观念。

第三十一章释义　用兵恬淡为上

夫佳兵者不祥之器,物或恶之,故有道者不处。

再好的军队和先进的兵器都是不吉祥的东西,凡物一般都厌恶它,有道之人都避而远之。

君子居则贵左,用兵则贵右。

日常生活中君子以左为上,战时则以右为大。

(太阳左升右降,故左为阳、为生,右为阴、为灭。)

兵者不祥之器，非君子之器。
兵器和军队都是不祥的东西，君子多不愿使用它。

不得已而用之，恬淡为上。
在万不得已的情况下使用时，也应该越少越好，适可而止。

胜而不美，而美之者 是乐杀人。
战胜并不是美事，若以战胜为美者，就是喜欢杀人的人。

夫乐杀人者，则不可得志于天下矣！
喜欢杀人的人，无法在天下贯彻他们的意志。

吉事尚左，凶事尚右。
吉庆之事尊左为大，凶丧之事以右为上。

偏将军居左，上将军居右，言以丧礼处之。
用兵时偏将军安排在左方，上将军在右方，全是按丧葬的方式来处理。

杀人之众，以哀悲泣之，战胜以丧礼处之。
杀敌众多，也应以一种悲哀的心境来看待，战胜者的庆功大典也应按丧葬之礼来处理。

第三十二章

【原文】

道常无名朴虽小天下莫能臣也
侯王若能守之万物将自宾
天地相合以降甘露民莫之令而自均
始制有名名亦既有夫亦将知止知止可以不殆
譬道之在天下犹川谷之于江海

【问题讨论】

今天要和大家分享一个重要的观念：科学追求必然性，文学、哲学则寻找可能性。因此，在讨论时，欢迎大家提出不同的看法，从而丰富《道德经》的内涵。老师现在给大家一个练习：第一句"道常无名朴虽小天下莫能臣也"该如何断句？

是不是"道常无名，朴虽小，天下莫能臣也"？

那道与朴是不同的事物，还是相同的？是朴小，还是道小？

应该是相同的事物，但是读起来像是两样东西。

老师提出另外一种断句的可能性："道常无，名朴，虽小，天下莫能臣也。"此处之"道"与"朴"就为同一物。

再提一个较难的问题："始制有名，名亦既有，夫亦将知止，知止可以不殆。""知止"是什么意思？

就是知道适可而止，才不会受到伤害。

这也是一种可能性，老师把"知止"解释为"知道停止有为"。详情请看第三十二章释义就知道了。

第三十二章释义　知止不殆

道常无，名朴，虽小，天下莫能臣也。

道之常为无，名之为朴（变为有形之德后则可名）。朴者无为、无欲、不争，虽然很小，普天之下却没有人能使它臣服。

侯王若能守之，万物将自宾。
侯王若能守住质朴的自然天性，万物自然归顺。

天地相合以降甘露，民莫之令而自均。
天地阴阳之气调和，自然就会生成甘露。有如不用法令来治理，人民自然知道自己该做的事，遵守该守的本分，均衡和谐的社会自然就会形成。

始制有名，名亦既有，夫亦将知止，知止可以不殆。
始制就是在制定各种制度之初，必须先正名（有为之始），分列官长尊卑，使物各有所遵循（例如天、地、人、君、臣、父、子等先后之关系）。名分既定，就不能再（有为）细分下去，否则会造成更多的纷扰，因此要能知止。知止的意思就是停止有为，复守其母（回到无为），守住朴，不可因物欲而变迁，知止（即停止有为回到无为）则天下之母守而不失，所以能没身不殆。

譬道之在天下，犹川谷之于江海。
道与天下的关系正如川谷之流向江海，江海虽不招不求，而川谷自然来归。

第三十三章

【原文】

知人者智自知者明
胜人者有力自胜者强
知足者富强行者有志
不失其所者久
死而不亡者寿

【问题讨论】

　　这一章虽然简短，却提供了许多重要的观念。你们看得懂第一句"知人者智，自知者明"的意思吗？说说看。

　　能识人者是智慧，了解自己的人是明，所谓自知之明。

　　明字除了自知之明外，还有没有其他的解释？

　　对了！老师不是说过，从不言之教所得到的知叫明。难道这里说的是不言之教？

　　哲学既然探讨可能性的，当然值得去研究。老子把知分为两种：一种探讨人与人之间的交往之智；一种研究人与自然之间的关系，谓之知或自知。一般都把智和知混为一谈，因此特别重视知人之智，也就是人际关系，而忽略了自知之明。若把自知之明解释为自己认识自己或自己了解自己，那就又回到人际关系的智，而不是老子想要的明。因此我把自知之明释为：凡是自己从不言之教所获得的知，谓之自知或明。

　　原来老子把智和知分得那么清楚，我们真是误解他了。那最后一句"死而不亡者寿"要怎么解释？

　　这句话有好几种意思。我们先来分辨死与亡的不同。形体之消灭谓之死，无形无象之体的消失谓之亡。形体有生必有死，故曰死。德则无形无象也无生死，故曰不亡。据此可解释为：形体死后回归于地，德会离开形体，复与道合而为一，故曰不亡者寿。这句简单的话却明白地告诉我们，死后灵魂与形体的去处。

　　身虽死，但其带给人类的理念却能长存；儒家之立德、立功、立言；庄子之主张齐生死，能把生死作等量齐观者，均可谓"死而不亡者寿"。

第三十三章释义　自知者明

知人者智，自知者明。
知人者懂得活用人际关系，故为智者。凡是自己从不言之教所获得的知，谓之自知或明，故曰自知者明。

胜人者有力，自胜者强。
战胜别人可谓有力，能战胜自己才是强者。

知足者富，强行者有志。
能知足就是富有。能勤而力行之人，具有坚强的意志。

不失其所者久。
能定于一，而不失其所者，有始有终谓之长久。

死而不亡者寿。
死而不亡者，身虽死，但其所带给人类的理念，却能长存，故寿。
（又释为：形体死后回归于地。德会离开形体，复与道合而为一，故曰不亡者寿、不亡者德也。）

【要点提示】

"知人者智，自知者明"，知人与自知到底有何区别？
能知人固然好，若被运用到人与人之间的斗争，争贤、

争贵、走后门争权位等，则是不好的。自知者超然物外，遨游于天地之间。两者实有天壤之别。

　　小时候父亲常讲些有名的故事和名言来启发我们，其中有一句似乎就是对上面两种情况的写照："笼鸡有食汤锅近，野鹤无粮天地宽。"也许这就是为什么老子会在第六十五章中提到"以智治国，国之贼。不以智治国，国之福"的原因。

第三十四章

【原文】

大道泛兮其可左右
万物恃之而生而不辞功成不名
有衣养万物而不为主
常无欲可名于小
万物归焉而不为主可名为大
以其终不自为大故能成其大

【问题讨论】

本章最重要的就是最后一句"以其终不自为大,故能成其大",谁能解释一下?

就是有容乃大的意思。

很好!第七章也讲过,天地不自生故能长生,这也是不自为大故能成其大的另一种解释。

第三十四章释义　不大之大

大道泛兮,其可左右。
大道广泛无涯,无所不在,可左可右,处处逢源。

万物恃之而生,而不辞,功成不名。
万物靠着它应运而生,从未遭到过拒绝;它成就了万物,却不求留名。

有衣养万物而不为主。
它抚育万物,却不认为自己是万物的主人。

常无欲,可名于小。
因为它常没有欲望,因此可以称它为小。

万物归焉而不为主,可名为大。
万物自然归附于它,而它却不以主人自居。它能容纳万物,因此可以称它为大。

以其终不自为大，故能成其大。
它之所以能成就它的广大无涯，是因为它知道，能守住无欲之小方为大，故不自以为大，有容乃大，终能成其大。

第三十五章

【原文】

执大象天下往
往而不害安平太
乐与饵过客止
道之出口淡乎其无味
视之不足见听之不足闻用之不足既

【问题讨论】

老子从不同的角度来解释道。关于"大象",王弼解释得很好,天象之母也。在第四章谈到"象帝之先",象帝就是天象。大象应该就是指"象帝之先"。

第三十五章释义　道之味

执大象天下往,
大象无形,谁能执而御之,天下万物自当趋而附之。

往而不害安平太。
万物同往而不相害,不相冲突,自能相安无事,天下自然太平。

乐与饵过客止。
好听的音乐,好吃的东西,能吸引过往的人驻足倾听或品尝。

道之出口淡乎其无味,
道所能展现的特点,远不如乐与饵那样吸引人,往往是淡而无味。

视之不足见,听之不足闻,用之不足既。
想看它也看不见,想听它也听不着,但却能取之不尽,用之不竭。

第三十六章

【原文】

将欲歙之必固张之
将欲弱之必固强之
将欲废之必固兴之
将欲夺之必固与之是谓微明
柔弱胜刚强
鱼不可脱于渊国之利器不可以示人

【问题讨论】

单字或词句不懂时，可以上网去查，或是参考每章老师的释义，故不再做特别的解释。老师把重点放在解释老子特有的哲学理念和那些两千多年来都尚无满意解答的问题上。例如本章千年难解的重点就是要找出微明、鱼、国之利器三者间的关系，否则整章没法懂。首先问大家，何谓微明？

就是前面几句："将欲歙之，必固张之。将欲弱之，必固强之。将欲废之，必固兴之。将欲夺之，必固与之。是谓微明。"

那柔弱胜刚强属不属于微明？

"将欲弱之，必固强之"也是强弱相对，应该也属于微明。为什么老子却把这句和微明分开来表述？

微明和道有没有关系？

不问还不知道，一问才知道问题一大堆。真是越来越有意思！还是请老师讲解吧。

这也不能怪大家，因为你们还没有学到第四十章。让我们先来看看第四十章讲些什么。

"反者道之动，弱者道之用。"和上面几句比较看看：歙与张、弱与强、废与兴、夺与与，不都是"反者道之动"的例子？因此我们可以说，微明就是道之动。

那老子为何不把"柔弱胜刚强"归入到微明？因为那正好是"弱者道之用"的实例，因此才分别列出。所以说，微明就是道之动，柔弱胜刚强就是道之用。如此微明、柔弱就和道完全结为一体。

老师真是越讲越精彩！那微明和鱼又有什么关系？

还记得第二章轮扁与桓公的对话吗？在轮扁的脑海中，隐隐约约有个无法表达的至高理念，若能讲出就成了糟粕，

不再稀奇。脑海有如渊，无法表达的理念，有如鱼在渊中游来游去。那些能表达的理念，则如脱渊之鱼，就成了糟粕，不再可贵。

　　微明在本章是指那些忽隐忽现、无法用语言来表达的至高理念，正如鱼在渊中，恍恍惚惚捉摸不定一般。

　　这下就弄清楚了。那国之利器又代表什么意思呢？

　　一般都注解为：国之重器不可以轻易展示于人。这种解释可以说是一般常识，谁都知道，不需要老子来讲。第二次世界大战时希特勒特意把先进武器的杀伤威力制成影片，放给敌军看，把敌军吓得魂不附体，不战而降。里根用虚构的"星球大战"击败了苏联，这些实例都否定了国之重器不可以展示于人的理论。难道老子思想真是如此经不起考验？国之利器者微明与柔弱也，两者分别为道之动与用，都属于道的范畴，道无形无象，恍恍惚惚，如渊中之鱼，是看不见摸不着的理念，所以无法展示给人们看，能展示给人看的，就成了脱渊之鱼，不再是利器。国之利器者，道之动与道之用是也。

　　听后真如醍醐灌顶，茅塞顿开！谢谢老师！

第三十六章释义　道之动与用（一）

将欲歙之，必固张之。
要收敛一样事物，必先要伸张它。

将欲弱之，必固强之。

想要弱化一样事物，必先要强化它。

将欲废之，必固兴之。
想要废除一样事物，必先要让它兴旺。

将欲夺之，必固与之。是谓微明。
想要夺取一样事物，必先给对方一些利益，让其取之。这叫作微明。
（以上皆为反者道之动的例证，微明就是反者道之动的意思。）

柔弱胜刚强。
柔弱可以战胜刚强（弱者道之用）。

鱼不可脱于渊，国之利器不可以示人。
鱼不能离开渊而存活，有如国之利器（微明与柔弱，即道之动与用，皆为国之利器），不是不能而是根本无法展现给他人看。（参阅第二章轮扁与桓公对话。）

第三十七章

【原文】

道常无为而无不为
侯王若能守之万物将自化
化而欲作吾将镇之以无名之朴
无名之朴夫亦将无欲
不欲以静天下将自定

【问题讨论】

这是《道德经》上篇《道经》的收官之作,有没有什么不懂的地方?

老师,"无名之朴"的"朴"和第三十二章的"道常无,名朴"的"朴"是不是同样?

你们能把这两章合在一起看,实在不容易!我们来做个比较。

第三十七章:侯王若能守之,万物将自化。

第三十二章:侯王若能守之,万物将自宾。

自化与自宾意思相近。

无名之朴即道之朴。无名者道也,凡遵照道的法则存活之原始事物,皆可谓无名之朴。这两章所讲的"朴",均为道之朴,所以两者相同。

世界就是由"我与非我,内在与外在"所组成的,针对这两个问题,老子提出了他的解决之道,对外用无为而无不为的方法,所以才说:"道常无为而无不为。侯王若能守之,万物将自化。"对内则主张无欲,故曰:"化而欲作,吾将镇之以无名之朴。无名之朴夫亦将无欲。不欲以静天下将自定。"

第三十七章释义 无为治物无欲镇己

道常无为而无不为。

道行事常以无为作为准则,而能达到无不为的效果。

侯王若能守之，万物将自化。
居上位的侯王如果能遵守无为而治的原则来治理，万物也将与时俱进，各取所需，各展所长。

化而欲作，吾将镇之以无名之朴。
万物自化后又开始想要有新的作为，此时我就会用无名之朴来镇住这些欲念。

无名之朴夫亦将无欲。
无名之朴即道之朴。无名者道也，凡遵照道法则存活之原始事物，均为无名之朴。
无名之朴为一切事物自化之始，此时一定要做到无欲。

不欲以静天下将自定。
去除欲望，致虚极守静笃，万物各复归其根，天下将自然太平，达到万物静观皆自得的理想境界。

第三十八章

【原文】

上德不德是以有德
下德不失德是以无德
上德无为而无以为
下德为之而有以为
上仁为之而无以为
上义为之而有以为
上礼为之而莫之应则攘臂而扔之
故失道而后德失德而后仁
失仁而后义失义而后礼
夫礼者忠信之薄而乱之首
前识者道之华而愚之始
是以大丈夫处其厚不居其薄
处其实不居其华故去彼取此

【问题讨论】

第三十八章是《道德经》下篇的第一章,起首就言明主题为"德",因此在阅读下篇遇到困难时不妨想想,该困难是否和"德"有关。

读完本章后,你们有什么心得或问题?

这一章主要在陈述老子对伦理的看法,并理出伦理的先后顺序,使人能有所遵循。但是这个"德"字应该怎么理解?

讲得很好!这个"德"字就是得到的意思。据此前两句可注解为:

得之上者乃无为、无欲之得,以不得为得,故曰有德。

得之下者,不愿失去所得,故而有为,是谓有为之得,是以无德。

接下来解释两者的区别:上德指的是无为之得;下德指的是有为之得。至于仁义礼大家都懂。本章最难解的就是"上礼为之而莫之应,则攘臂而扔之"。你们的参考书是怎么注解的?

用礼来治理也反应不佳,便伸出手臂来,引人就范。

能理解吗?

有些不懂。既然讲礼,怎能强引人就范?

这一句不能从字面来理解,而要从当时的社会背景来评断。首先要知道"攘臂而扔之"是扔什么,是要把人扔掉还是把理念扔掉?

坊间大都认为是把人扔掉而非把理念扔掉。

"失道而后德,失德而后仁,失仁而后义,失义而后礼。"请问失礼而后是什么?

中国人讲礼法,难道是失礼而后法?

老师也是这么想!由这句话可以推测,当时法家还没有形成，整个社会是以礼来治国。老子认为"夫礼者，忠信之薄，而乱之首"。礼既为乱之首，自当弃而扔之。孔子重视礼教，以礼乐治国，上礼为之而莫之应，那时法家尚未形成，故仅言及礼而止。礼既无效，不知何以为继，还不如回到道德治国的时代，故攘臂而扔之。由此看来"攘臂而扔之"是扔掉那些不合宜的理念，而不是扔掉人，或许这也是老子出函谷关的缘由。所以这句话可以解释为：礼之上者主张以礼来规范行为，民众也不理会，于是就攘臂愤而将礼抛弃。

我也常自问，用仁义礼法来治国，我们还可以想象。但以道、德来治国的社会，会是个什么样的社会？还能否从现代人生活中找到往昔的蛛丝马迹？

估计应当更好，但这似乎也太超越我们的想象了。

这个问题老师也想了很久，最后找到了答案。大家都知道，在中国把好的官员称之为"父母官"。由此就能看出，中国人的治国理念就是治家理念的放大。虽然已经不再全用道德仁义礼来治国，但家庭却还将此保存了下来，可以说治家就是中国人治国的缩影，以道治国仅能用于自己对自己一个人而言，以德治国指的是夫妻相处之道，以仁治国指的是父母对待子女而言，以义治国指的是兄弟姐妹、朋友之间所讲的义气，对外人或普通人则讲究礼，对犯错之人则用法。

第三十八章释义　愚之始

上德不德，是以有德。
德之上者不求德，凡事无欲无求，是以有德。（上德指的是无为之得。）

下德不失德，是以无德。
德之下者，怕失去德，想尽办法保住德，反而无德。（下德指的是有为之得。）

上德无为而无以为。
德之上者尚无为，以"无"为其根本，为其用。

下德为之而有以为。
德之下者想有所作为，以"有"为其根本，为其用。

上仁为之而无以为。
仁之上者乃无私无我，无所偏私，虽为有为，却仍能以"无"为用。

上义为之而有以为。
义者宜也，能分辨事理，故义之上者以"有"为其根本，为其用。

上礼为之而莫之应，则攘臂而扔之。
礼之上者主张以礼来规范行为，效果不彰，民众也不理会，于是就攘臂愤而将礼抛弃。

故失道而后德，失德而后仁。
是故道失其用后就产生了德，德失其用后就产生了仁。

失仁而后义，失义而后礼。
仁失其用后就产生了义，义失其用后就产生了礼。

夫礼者，忠信之薄，而乱之首。
礼一出现就代表社会上的忠信风气越来越薄弱，乱象渐生。

前识者道之华而愚之始。
主张以"有"为用者，自以为比众人先进，其实只看到道的表象，愚昧就由此而生。

是以大丈夫处其厚，不居其薄。
因此大丈夫立身处世当以忠信为本，远离浇薄的礼教。

处其实不居其华，故去彼取此。
凡事当以无为之道（即道之实）为重。不去追求有为（即道之华）华饰之表象。
因此应当远离礼教，去其薄华，选择回归到厚实。

第三十九章

【原文】

昔之得一者天得一以清地得一以宁
神得一以灵谷得一以盈万物得一以生
侯王得一以为天下贞其致之
天无以清将恐裂地无以宁将恐发
神无以灵将恐歇
谷无以盈将恐竭
万物无以生将恐灭
侯王无以贵高将恐蹶
故贵以贱为本高以下为基是以侯王自谓孤寡不穀
此非以贱为本邪非乎
故致数舆无舆不欲琭琭如玉珞珞如石

【问题讨论】

首先要知道"一"字是什么意思。谁可以告诉大家？

那"一"字肯定是指道了。

对！一者道也，既为物所得，则谓之得一（得道），此处之一即由道化生为德。唯道与德同源而不同体，同出而异名，甚不易分辨，更难于表达，故用"得一者"代表道已进入物体内，化为生命之德。王弼注"德者得也"，其意即为德者得道也。

下面这部分才是最关键的：

"故贵以贱为本高以下为基是以侯王自谓孤寡不榖此非以贱为本邪非乎！"

请问网上是怎么标注句读的？

故贵以贱为本，高以下为基。是以侯王自谓孤寡不榖。此非以贱为本邪？非乎？

这也通顺。请问，老子是赞同还是反对"贵以贱为本，高以下为基"的观念？

应该赞同才对。

写这本书时，是只有老子一人在场，还是有他人加入？

写书时应该是老子独自一人，静静地细思慢想，没有旁人打扰。

假设老子在和友人讨论时，偶尔也会有人提问，但老子未将发问者的姓名记录下来，只把问题记了下来。有没有可能？

这点还从未想过。不过老子在函谷关做客，没有自己的书房，一定会有人伺候。老子又是当时的名人，有些重要人士在场谈论也不足为奇。

若写这本书时，除老子外还有其他人加入，意思就全变了。让我试着恢复当时可能的对话场景：

老子提到缺一后的各种危险情景，当他讲到"侯王无以贵高将恐蹶"时，估计正好有侯王或者其仆从在场，他听后吓了一跳，立刻问道：

"故贵以贱为本，高以下为基。是以侯王自谓孤寡不穀。"

老子一听，发觉所问与主题无关，故而回答："此非以贱为本邪。非乎！"

第二种可能性：

观者问："故贵以贱为本，高以下为基。是以侯王自谓孤寡不穀。此非以贱为本邪？"

老子答："非乎！"

一经有人加入提问，把肯定语气完全变为否定。这是不是也有可能？

嘿！真妙！现在才感受到标点符号的威力，好像在变魔术。

由于文中加入了发问的人，标点符号也随之改变，就改变了整个意思。请问如何才能证明老子认为"贵以贱为本，高以下为基"这句话与主题无关？

不知道，还是请老师讲吧。

答案就在最后一句话："故致数舆无舆，不欲琭琭如玉珞珞如石。"这也是千年难解的公案之一。老师就提出自己的心得，和大家分享。

老子举天、地、神、谷、万物、侯王为例，强调得"一"的重要性，以及失去"一"的后果。当老子以自然为例时，都没有问题。但一讲到"侯王无以贵高将恐蹶"时，在场的估计有侯王，他顿时联想到，可能自己的权力也会被夺走，有感而发此问："贵以贱为本，高以下为基。是以侯王自谓孤寡不穀。此非以贱为本邪？"本句的意思就是说，要想保住权位，就应当谦下，这不就是以贱为本最好的例子吗？

老子回答说："非乎！"

为什么老子不赞成这句话？因为这句话完全离开了本章的主题"得一"。侯王若能"得一"，就能得到天下的拥戴，这与侯王自谓孤寡不穀的帝王之术无关。"贵以贱为本，高以下为基。是以侯王自谓孤寡不穀"是帝王之术，是外在的表现。而"得一"却决定万物内在的品质，是决定善与恶、战争与和平的关键。

接着老子又说："故致数舆无舆，不欲琭琭如玉珞珞如石。"坊间多是依据外在的帝王之术来注解："不愿像高贵玉石一样高高在上，宁愿像低贱的沙石一般谦卑自守。"这样一来就无法解释"故致数舆无舆"，因此就有许多学者把这句改写为"故至誉无誉"。但这就和主题"得一"毫无关系了。

若从"得一"的观点出发，就能全按原文来注解，不需更改字句："不愿满载数车高贵的玉石（贵、高）和众多的砂石（贱、基），缺少了一，就等于一车都没装。"以此结尾则能与"得一"之主题前后呼应，这也合乎老子的写作风格。

综上所述，可以揣测出老子的答案应该是："非乎！故致数舆无舆，不欲琭琭如玉珞珞如石。"贵贱高下均为智者所制定出的繁文缛节，而老子则主张不尚贤，不贵难得之货，故有此言。"得一"才是所有问题的关键。

第三十九章释义 得一俱足

昔之得一者，天得一以清，地得一以宁，

一者道也。往昔有不同的事物得到一，天得到一就能清浊分明，地得到一就能安宁。

神得一以灵，谷得一以盈，万物得一以生，

神为引出万物者也。神得到一，就能引出万物，故灵。泉出通川为谷。谷得到一，其泉自能通川滋润万物，故而充盈。万物得到一，就得到了生命。

侯王得一以为天下贞，其致之。

侯王得到一就能匡正天下，成为天下的表率。这些都是靠得到一，才能至此。

天无以清将恐裂，地无以宁将恐发，

（笔者加入旁白：若失去了一会怎么样？）

天若失去了一，则清浊不分，混沌复现，恐怕就会散裂。地若失去了一，则无法宁静，大地恐会导致灾难。

神无以灵将恐歇，

神若失去了一，则失其灵，无法再引出万物，万物将恐歇息。

谷无以盈将恐竭，

谷若失去了一，其泉无法通川，故而失其盈，其泉亦恐将枯竭。

万物无以生将恐灭，
万物失去了一，则无法生存，恐将面临灭绝。

侯王无以贵高将恐蹶。
侯王若失去了一，则不会再受到尊崇，恐会被推翻。

故贵以贱为本，高以下为基。是以侯王自谓孤寡不穀。此非以贱为本邪？
（某问：）故贵以贱为根本，高以下为基石。所以侯王多自称为孤、寡、不穀。
这不就是以贱为本吗？

非乎！
（老子答：）不是！

故致数舆无舆，不欲琭琭如玉珞珞如石。
所以不愿满载数车高贵的玉石（贵、高）和众多的砂石（贱、基），缺少了"一"，就等于一车都没装。
（贵贱高下均为智者所制定的繁文缛节，而老子则主张不尚贤，不贵难得之货，故有此言。"得一"才是所有问题的关键。）

【要点提示】

　　要想了解老子,一定要先理清前后文的关系,确定人物的角色,才能确定断句的方式。

第四十章

【原文】

反者道之动
弱者道之用
天下万物生于有
有生于无

【问题讨论】

　　我们在第三十六章就讨论过"反者道之动,弱者道之用"。接下来的两句谈到"有"与"无"。有谁知道"有""无"是什么?

　　有生于无,那无一定是道了。至于有是什么就不太清楚了。

　　请看第三十九章:德者得也,无得则无有,有得则谓之有,故有者德也,万物得一以生。

　　道与德同属一物,仅有表里之分。道居外,德居内;德有,道无。

第四十章释义　道之动与用(二)

反者道之动,
道之动往往反其道而行。

弱者道之用。
道以柔弱为用。

天下万物生于有,
有者德也,天下万物有了德,方有了生命。

有生于无。
无者道也,有则源于无。(德源于道也。)

【要点提示】

"反者道之动",例如,道为正,反则为其动。继续思考下去,反之再反是什么?有人称它为合。正、反、合就成了现代的唯物辩证法,而老子认为合也只是反的一种,不需另外取名为合。若将正当作一来看,正之反则为二,反之再反则为三,三中含有一或二的元素。三之反可称其为四,四中则含有一、二、三各种元素组合的可能性。如此类推下去,永无间断, 这就是老子反者道之动的含义。细思之,"反者道之动"就是创新的意思。由此看来"反者道之动""正、反、合""创新"都是同出而异名,后二者都是"反者道之动"的延伸解释。

第四十一章

【原文】

上士闻道勤而行之中士闻道若存若亡
下士闻道大笑之不笑不足以为道
故建言有之明道若昧进道若退夷道若颣
上德若谷大白若辱广德若不足建德若偷
质真若渝大方无隅大器晚成大音希声大象无形
道隐无名夫唯道善贷且成

【问题讨论】

　　第四十一章老子写得很幽默，"下士闻道，大笑之。不笑不足以为道"。接着老子讲述道的各种特性，证明不笑不足以为道。最后才说出真心话"唯道善贷且成"。这一章的文句都能看懂，艰涩的字也不多。但若要举出实例来说明，就难上加难。先看你们有什么问题。

　　老师，什么是建言？

　　惭愧！这下给你们问倒了，老师回答不了。只好硬着头皮勉强回答。我不敢负责正确，仅提供一种思考的可能性。古人讲三不朽：立德、立功、立言。老子那时文字尚未统一，可能也有地方把三不朽讲成：建德、建功、建言。请看文中也提到建言和建德，却未提到建功。或许老子主张无为故无功可建。小时候常读"昔时贤文"，内容都是古圣先贤留下的智慧名言。或许建言可以解释为"昔时建言"？总之这些仅供参考。因此释义中我只写了"建言有言"。还请大家多多包涵！

　　那建德若偷又是什么意思？

　　你们又问到关键问题了！由于它是个独立的句子，并不会影响到全文，就像那句"建言有之"一样，因此很少人去关注它。这句话也是测试自己道行的，从你听了这话的反应，就能看出你是上士、中士还是下士。请问各位读了"建德若偷"这句话时的反应是什么？勤而行之、若存若亡还是想大笑？

　　由于不懂这句话的意思，就无法勤而行之，只能说是若存若亡。直觉上这句话有点怪异，觉得这话不太可能，是有些想笑，令人怀疑是否抄错了。

　　建立德行有如偷窃，听了这句话，即使不敢笑老子，多少也会怀疑其正确性，对吧？"建德若偷"这句话比绝

圣弃智还难理解。网上和坊间也都遇到了同样的困难,他们多把建德解为健德,偷字解释为偷惰。全句解释为:"刚健之德有若偷惰。"这句也一直困扰着我,德与偷到底有什么关系?老子既然用了"偷"字,一定有他的用意,只是我们不了解罢了。

  理解这句话我花了将近两年,在了解绝圣弃智后才想通。偷就是未经许可,把别人的东西,变为自己的东西,不让对方知道。在绝圣弃智那章老子主张别去效法圣人,应该直接效法天地。何谓天地之德?就是能做到"不自生",故能长生。是以圣人后其身而身先,外其身而身存。"不自生"就是建德若偷的最佳范例。天地并没向万物索取或偷窃,而是万物自愿奉上,共同成就了天地之大德,"偷"得让万物心服口服,故曰:"建德若偷。"现在你们懂了这句话,会不会想大笑?

  原来是这个道理!老子真是大智若愚,大辩若讷,真够幽默!

  除了天地外你们能不能再举出一个建德若偷的例子?

  老师,无为而无不为,能不能算?

  回答得很好!一开了窍,才发觉到处都是建德若偷的例子。再给大家一个最有名的例子,请看月亮自己不发光,而是"若偷"太阳光来发光。

  真是妙!老师,最后一句"夫唯道善贷且成"我们看不懂,是什么意思?

  这里又能看出,若不了解道德的关系,就没法解释这句话。首先要知道,道贷什么东西?贷给谁?还有道成就了什么?老师的看法是,道把它自己化为德,借贷给万物,成就了生命。请注意!道并不是把德送给万物,只是把德借给万物使用。当万物的形体死去,道又会把德收回。这是一种借贷关系,而非赠与,故曰"夫唯道善贷且成"。

第四十一章释义　正道若反

上士闻道，勤而行之。中士闻道，若存若亡。

上等人闻道，领悟极深，就会奉行不懈。中等人闻道，一知半解，感觉似有若无。

下士闻道，大笑之。不笑不足以为道。

下等人闻道，认为荒诞至极绝不可能，便会大笑。这种人若不笑，反而无法证明那就是道了。

故建言有之，明道若昧，进道若退，夷道若颣，

故建言有言：明道者反若昏昧，以昧为明。进道者反若退，以退为进。道本平顺易行，人却视其为崎岖难行。

上德若谷，大白若辱，广德若不足，建德若偷，

道、天、地、水，谷完全具备。谷为元牝，为天地根，故曰上德若谷。大白若辱，守辱则荣。

地之德能容载万物，是谓广德。来者不拒，多多益善，有若不足。故曰广德若不足。

若偷者，取他人之物为己用，也可算是一种偷。天地不自生，靠借万物之助而生。此乃"偷"借万物之力，成就天地自身之德。被偷者也乐意被"偷"。故曰：建德若偷。

质真若渝，大方无隅，大器晚成，大音希声，大象无形。

质朴纯真者反而看似浑浊易变。大方应是没有棱角，有角则显不出其大。

大器者必为集大成者，能集大成者必能奉行后其身而身先，外其身而身存之道理，故晚成。

大音听之不闻其声。

大象视之不见其形。

道隐无名，夫唯道善贷且成。

道本无形无象故隐，无形无象自无法名之，故无名。只有道善于施贷，善贷者，施德于万物也，并不是只为救急，而是一贷则足以永终其德，成就新的生命。生命结束时，德复归还于道，故曰贷而不曰施予。

【要点提示】

第四十章提到"反者道之动"，本章也举出了许多不同的例子为证。

第四十二章

【原文】

道生一一生二二生三三生万物
万物负阴而抱阳冲气以为和
人之所恶唯孤寡不穀而王公以为称
故物或损之而益或益之而损
人之所教我亦教之
强梁者不得其死吾将以为教父

【问题讨论】

这章是全书的重中之重，第三十九章有言，"天得一以清，地得一以宁"。这章就是老子的宇宙论，也是《道德经》中的"一"，得"一"则清，缺"一"则浊。少了它，《道德经》就不能称为天下第一奇书。"道生一，一生二，二生三，三生万物"，这句话大家常挂在嘴边，一旦问起什么是一、二、三时，大家都各说各话，怎么都讲不清楚。

老师，那您认为什么是一、二、三？

老子的宇宙论分为两个部分，第一部分讲述道和天地的生成，第二部分讲述万物生命的由来。这里仅和大家谈谈生命的起源，暂且不谈宇宙的起源。

要想知道生命的起源，先要知道万物构成的基本要素，所以先得了解第二句"万物负阴而抱阳，冲气以为和"的含义才行。你们知道这句是什么意思吗？网上是怎么解释的？

解释为万物背阴而向阳。阴阳二气相互激荡，从而产生和气（或曰：从而合成形体）。

看得懂吗？能举出一个实例来吗？

看不懂，也没办法举出实例。

"万物负阴而抱阳，冲气以为和"，万物都由阴阳两个部分组成，外围实体为阴、为地、为静，阳居于实体（阴）之内故曰（阳）负阴；体内虚处为阳、为天、为动，全为阴所环抱，故曰（阴）抱阳。此时之阴阳尚无生命，及至（道）冲气进入阴实体内的阳虚之处，而变为德后，万物才开始有了生命。此即冲气以为和，实、虚、道（德）三者和，而成万物。这个理论和《圣经》中记载神造人的理论如出一辙：神用地上的泥土造人（负阴），在他鼻孔里（抱阳）吹入生气（冲气），他就成了有灵的活人（以为和）。

这样就清楚多了，也看得懂了。

现在就可以来谈谈什么是一、二、三了。

道生一，此一即德。

德无法单独存在，必需与无生命的形体结合后，方能成就生命，无德就没有生命。

道和德有何不同？道在进入形体之前，可称为道，但一进入形体之后，就不能再称为道，而更名为德，故曰：此两者同出而异名（第一章）。道的本质也在此时产生了根本上的变化，从原本具备化生万物的功能，转变为畜养万物，从原本盈满的状态转变为不盈满。道化生为德后，就离形体而去，是谓功成身退。故曰：道生之，德畜之。此一重大的变化，就是整个道化生为德的过程。道生一，此一即为德，德乃是道合天地之大成。

一又如何生二？天地人等万物初始都还没有生命，只有形体，不同的形体会形成不同的属性，例如风吹过不同大小的孔穴，会形成不同的声响，洞小者音高，大者音低。道进入不同的形体，也会形成不同的生命，进入阴体就成牝、雌，进入阳体就为牡、雄。此为一生二。由此可知，道本身不分阴阳雌雄，而万物形体则有阴阳雌雄之分。雌雄、牡牝的生成，是由负阴之实体来决定的，而不是由道或德来决定的，故曰：物形之。反之，若道能决定万物之雌雄，那万物和道之间就永无宁日。这就是一生二的理论基础。

老师，为什么万物和道之间就永无宁日呢？

因为谁有决定权，谁就会有纷争。若道有决定雌雄的权力，有些雄性会抱怨，为什么道没把它们变为雌性；或雌性也会埋怨，为什么不是雄性，等等。如此一来，永无宁日。从这个例子就能了解，原来最高的权力就是无权，无权乃至权。

二生三是指阴阳雌雄首次合体，衍生出的第一代。如

此代代相传,绵延不断,是谓三生万物。

以上就是整个生命造化的过程。在二生三以前,都属于先天,不是我们可以决定的。从二生三以后,是谓后天。万物各自繁衍其生命,生生不息,永无休止,即所谓势成之。

在自然之中,道、天、地、人的相互作用,而产生无穷的变化,这就是老子的万物生命起源论。

唉!两千多年来多少专家学者研究老子,都无法理出老子的思想精华,更不知道生命从何而来。老子真是太伟大了!只用了几句话,就把全世界最难解的问题说明清楚了。"道生一,一生二,二生三,三生万物。万物负阴而抱阳,冲气以为和。"老子真是世界的奇人。

谈过老子的生命起源论后,接下来的四句似乎与上文毫无关系。我虽然试着找出其与主题之间的关系,却始终没有发现。

"人之所教,我亦教之",大家所教的东西都有同样的目标,希望做到最好,只是方法不同而已。

"强梁者不得其死,吾将以为教父",刚强之人不得好死,我则教以"弱者道之用",以柔克刚为教父。

第四十二章释义　创世记

道生一,一生二,二生三,三生万物。

道生一,此一即德。

德无法单独存在,必须与形体结合。德入阳体成阳男,入阴体为阴女,此为一生二。

阳男阴女初合而子女生，是谓二生三。由三再生成万物。

万物负阴而抱阳，冲气以为和。

万物皆由实体阴和虚体阳所构成，此即负阴而抱阳。（此时阴阳之体尚在无生命状态。）

冲气以为和就是指道冲入物体后，变为德。阴阳虚实与德冲合为一体，成就了新的生命。

人之所恶，唯孤寡不穀，而王公以为称。

人所厌恶的就是孤、寡、不穀，而王公们却喜欢以此来称呼自己。

故物或损之而益，或益之而损。

因此有些事物是损之反而有益，有些则是益之反而受损，全看情况而定。

人之所教，我亦教之，

世人所教的，我也教，只是方法不同。世人教人以刚强，我则教人以"弱者道之用"。

强梁者不得其死，吾将以为教父。

刚强之人不得善终，我将以"弱者道之用"，以柔克刚为教父。

【要点提示】

西方的宗教本于神话，中国的宗教则根植于中国哲学。

老子的创世理论分为两个部分，第一部分讲述道和天地的生成，第二部分讲述万物生命的由来。详见总论中的老子宇宙论、老子生命起源论。

第四十三章

【原文】

天下之至柔驰骋天下之至坚
无有入无闲吾是以知无为之有益
不言之教无为之益天下希及之

【问题讨论】

　　本章讲述柔与无为之益和不言之教，这些在上篇《道经》中都已经讨论过，于此就不再重复。

第四十三章释义　无为之益

天下之至柔驰骋天下之至坚。
天下之至柔可以驾驭天下之至坚。

无有入无闲，吾是以知无为之有益。
"无有"能无处不入，"无有"不可穷，因此我能知道，无为之有益也。

不言之教，无为之益，天下希及之。
不言之教诲和无为之好处，天下很少有人能做到。

第四十四章

【原文】

名与身孰亲

身与货孰多

得与亡孰病

是故甚爱必大费多藏必厚亡

知足不辱知止不殆可以长久

【问题讨论】

　　本章所述相信你们都能看得懂。只有"知止不殆"的"知止"在第三十二章可以当作"停止有为"来解释，在此处则是"为而不争"的意思。

第四十四章释义　大爱必费

名与身孰亲？
　　尚名好高者，易忽略身体，名与身哪样更亲？

身与货孰多？
　　贪货无厌必然会忽略身体，身与货哪样分量更多？

得与亡孰病？
　　得到名利和奇货，但赔上了生命，哪样较有害呢？

是故甚爱必大费，多藏必厚亡。
　　所以爱之愈甚，必然耗费愈多。贪货无厌，多藏必多失。

知足不辱，知止不殆，可以长久。
　　知足者常乐，不取不当，故不辱。知止即为不争，唯其不争所以不会遇到危险，是乃可以长久。

第四十五章

【原文】

大成若缺其用不弊
大盈若冲其用不穷
大直若屈大巧若拙大辩若讷
躁胜寒静胜热
清静为天下正

【问题讨论】

何谓大成若缺？何谓大盈若冲？

大成若缺就是最完满之物若有欠缺。大盈者能始终不断释放出能量。

能不能举个实例？

不知大成是否和儒家有关。若有关，那就是能集大成者的孔子，所以孔庙中最大的殿都叫"大成殿"。大盈若冲的例子就不知道了。

你们说得对。从儒家观点来看，孔子确实做到了大成。能否举一个道家的例子？

如果孔子为大成的代表，那道家集大成者一定是老子了。

老子是绝对不敢接受如此称号的，因为他主张绝圣弃智，大成指的就是天地。大成若缺和第四十一章大器晚成的意思是相同的。大器者必为集大成者，能集大成者必能奉行"后其身而身先，外其身而身存"之道理，故始终若缺。大盈者道也，始终不停地在化生万物，故曰"大盈若冲"。

大成、大盈也可以从道德的观点来解释：

能成就的事情很多，唯独能成就生命者，是谓大成。此唯道德堪任也。成必有其形，有形必有所缺，无形则无所缺，故曰大成若缺。

大盈者道也，大盈则溢故若冲，即道冲和万物，故其用无穷，并没有空虚的意思。参阅第四章释义。

那"躁胜寒"又是什么意思？

在传统医学中有"躁罢然后能驱寒使之清"之说。躁金可以胜肾寒，寒却无法胜躁。

"清静为天下正"是什么意思？

天得一以清，地得一以宁，宁为安定或静的意思。因此"清静为天下正"也可以解释为：天清地静可以为天下的楷模。

第四十五章释义　德曰大成道曰大盈

大成若缺其用不弊。
大成者天地是也，不见其象为大，大成者随物而成，始终无法见其本相，故若缺，而其功用在任何时候都毫无差失。

大盈若冲其用不穷。
大盈者道也，盈则溢则冲，充(冲)溢而不减，是谓大盈，其功用则无穷。

大直若屈，大巧若拙，大辩若讷。
屈者成长之象，永无间断地成长是谓大直。
王弼：大直者能"随物而直，直不在一故若屈也"。
（万物始生，其形皆屈而不直。此处屈可代表生命之成长，永无间断地成长是谓大直，故曰大直若屈。植物亦然，看似弯曲，其向阳则一。此向阳之直，是谓大直。）
最巧的东西看似笨拙，越用则越觉巧妙。善辩者也看似木讷不善于言词。

躁胜寒，静胜热。
躁罢然后能驱寒使之清。静则无为能制热。

清静为天下正。
天得一以清，地得一以宁，宁为安定或静的意思。因此"清静为天下正"意指：天清地静可以作为天下的楷模。

第四十六章

【原文】

天下有道却走马以粪
天下无道戎马生于郊
祸莫大于不知足咎莫大于欲得
故知足之足常足矣

【问题讨论】

这一章就不用解释了,看释义就能懂。

第四十六章释义　知足常足

天下有道却走马以粪,
在太平有道之世,连健壮的马也不需上战场,得以在田间耕作,其粪也可当肥料。

天下无道戎马生于郊。
天下纷乱无道之时,连战马都没法安宁地在马厩里生产,小马也被迫在郊野战场上出生。

祸莫大于不知足,咎莫大于欲得。
祸害莫大于不知足,罪过莫大于无止的欲望。

故知足之足,常足矣。
知足者富,能以知足为满足的人,才会经常富足。

第四十七章

【原文】

不出户知天下不窥牖见天道
其出弥远其知弥少
是以圣人不行而知不见而名不为而成

【问题讨论】

能自己读得懂吗?

老师平常都鼓励我们,读万卷书行万里路。老子为什么会说"其出弥远,其知弥少"?

这一章又和我们的认知背道而驰。平常我们重视的知,要靠努力学习才能获得。可是老子强调的知,是从不言之教所获得的"明"。有为者重视读万卷书行万里路,其所见皆为他人之明,而非自得之明,只能算是抄袭模仿别人,无助于创新。不言之教是以天地为师,无论走到哪儿,天地的原理原则都一样,故有此言。比如:瓦特在家中看到蒸汽可以推动壶盖,改良了蒸汽机;牛顿在苹果树下发现了地心引力;德国大哲学家康德一辈子没离开过他所居住的城市,却能写出深奥的哲理;道士张三丰观鹊蛇互斗而悟出太极拳,这些例子俯拾皆是。老子认为生活中处处都可以学习,不需远行,重要的是能悟,悟就是创新。

老子追求的是明而不是智。知常曰明,常就是恒久不变之理,因此才有"不出户知天下"等语。

第四十七章释义　不行而知

不出户，知天下。不窥牖，见天道。
不出门能知天下事；不用开窗观天，也能知晓天道之变化。

其出弥远，其知弥少。
出门愈远，所见愈多，真知则愈少。

是以圣人不行而知，不见而名，不为而成。
因此圣人不需远行，也能获得其知；不见物之形象，也能道出事物之常理；以无为治事也能成功。

【要点提示】

这里的圣人指的是能法天地而创新者，完全和君王无关。

第四十八章

【原文】

为学日益为道日损
损之又损以至于无为
无为而无不为
取天下常以无事
及其有事不足以取天下

第四十八章释义　学益则道损

为学日益，为道日损。
为学者靠有为努力学习，得以日日进步。而修道者则期盼自己的作为能日日减少。
（靠有为学得越多，离无为之道就越远。）

损之又损，以至于无为。
减之又减，最终达到无为。

无为而无不为。
依据无为的原理去办事，所有的事也都能做成。

取天下常以无事，
无为则无所失，故常以无为治事，才能把天下治理得完善。

及其有事，不足以取天下。
等到有为治事之时，就开始经营管理，规范越多，缺漏就越多，此法不足以取天下。

【要点提示】

上一章谈到知，本章则谈到行，无论知与行都有着共同的目标：无为而无不为，无为治事则无不成。

第四十七、四十八章有一个共同点,就是绝圣弃智,所以不赞成学圣人或学已知的智慧。学习是没有时空限制的,一切当法天地之无为与不言之教,从而悟出自知之明。孔子亦云:"生而知之者上,学则亚之,多闻博识知之次也。"

第四十九章

【原文】

圣人无常心以百姓心为心
善者吾善之不善者吾亦善之德善
信者吾信之不信者吾亦信之德信
圣人在天下歙歙为天下浑其心
圣人皆孩之

【问题讨论】

本章不太容易理解。"善者吾善之，不善者吾亦善之，德善"，能懂吗？

读了那么多老子的章节，渐渐习惯了他的讲法，都得从"反者道之动"的方向去思考。看似容易，就是没法想透，老子究竟想讲什么？

善与不善同出而异名，不同的观点造成不同的答案。有如胜者为王败者为寇，凡药三分毒，若能治病就是好药。故曰：不善者吾亦善之。主要是强调，不能有分别的意识，和而不同是谓大同。比较难懂的是最后一句"圣人皆孩之"，你们觉得应该如何解释？

王弼注解的意思是说，圣人治理百姓，有如看待婴儿一般，希望都能达到和而无欲，使百姓之真情得以舒展。（婴儿无为无欲故得善得信。）

这样解释当然可以。在第十九章中我们讨论过老子对孝慈的看法，慈就是无我。"善者吾善之，不善者吾亦善之，德善"就是慈的表现。第六十七章有言"天将救之，以慈卫之"，老子之慈用之于家，就是父母应该以慈来对待子女。圣人亦然，以慈卫其子民，故曰"圣人皆孩之"。这是老师的看法，供大家参考。

本章之圣人应和统治者有关。

第四十九章释义　以慈卫民

圣人无常心，以百姓心为心。
圣人在治国时无恒常之心，以百姓之心为心。
（王弼注：百姓之心不必尽同，但圣人对待百姓的方式却如水，始终如一，就是使民和而无欲。）

善者吾善之，不善者吾亦善之，德善。
善者，我善待他；不善者，我也同样善待他。如此方能得到善。（此即第八章中的"与善仁"，好坏均一视同仁。）

信者吾信之，不信者吾亦信之，德信。
守信者我相信，不守信者我也相信，如此才能得到信。
（有如第五章所言"天地不仁"，以此浑民心。若对不善者不善，对不信者不信，则争讼不断。）

圣人在天下，歙歙为天下浑其心，
圣人之于天下，要收敛他自己的看法，不分贤愚贵贱，奉行水"与善仁"的做法，使天下人的心思归于淳朴。

圣人皆孩之。
圣人遵循天理"天将救之，以慈卫之"。老子之慈用之于家，就是父母应该以慈来对待子女。圣人亦然，以慈卫其子民，故曰"圣人皆孩之"。

第五十章

【原文】

出生入死

生之徒十有三

死之徒十有三

人之生动之死地亦十有三

夫何故以其生生之厚

盖闻善摄生者路行不遇兕虎入军不被甲兵

兕无所投其角虎无所措其爪兵无所容其刃

夫何故以其无死地

【问题讨论】

这章并没有什么重要的思想启发，仅提出了老子摄生之道。

老师，文中三次提到十有三，是什么意思？

王弼注解为十分有三分，翻成白话就是十分之三的意思。

那"人之生，动之死地"又是什么意思？

本章的主题就是"出生入死"。这句话常用来形容作战时的情景，例如枪林弹雨、出生入死。而老子想要表达从出生到死亡，重点在讨论致死的原因。

"人之生，动之死地"的"动"字，估计就是指每个人的行为或习惯，因其不当行为而致死。例如，不畏人之所畏而妄为者易死。

老子说"以其生生之厚"，这是什么意思？

这句话的意思可以参考第五十五章"益生曰祥"，意为：生不可益，若有心益之，则其不祥可以预见。例如：过于享乐者也易死。

接下来就更难懂了。善摄生者和虎、兕、甲兵有何关系？

这也是本章较难理解的地方，这又要和第五十五章一起来看"含德之厚，比于赤子，蜂虿虺蛇不螫，猛兽不据，攫鸟不搏。"王弼解释为："赤子无求无欲，不犯众物，含德之厚者不犯于物，故无物能损其全也。"赤子即婴儿，无求无欲、不犯众物就是不去惹众物，故天上飞的、地上爬的、跑的都不会去攻击他。

据此来看，本章就容易理解了。老子认为，善摄生者当如赤子之无求无欲，更重要的是要能做到不犯众物、不犯于物，就是说别去惹是生非，把自己置于死地。虎、兕在当时可算为自然灾害的一种；甲兵则为人祸之大者，

战争是也。千万别明知山有虎，偏向虎山行，不到万不得已千万别发起或参与战争。这就是老子的摄生之道，劝人千万别去自寻死路，天作孽犹可违，自作孽不可活。

第五十章释义　摄生之道

出生入死，
出世为生，入地为死。

生之徒十有三，
依自然的规律，有十分之三的人能长寿。

死之徒十有三，
有十分之三的人短命。

人之生，动之死地亦十有三。
人虽生却因其不当行为或习惯而致死者，也有十分之三。

夫何故？以其生生之厚。
这是什么缘故？多是因为过于享乐的结果。

盖闻善摄生者，路行不遇兕虎，入军不被甲兵，
听说懂得养生的人，走路走在不会遭遇犀牛和老虎的

路上，遇到战事也躲开，不参与也不发动战争，就不会被军队所害。

兕无所投其角，虎无所措其爪，兵无所容其刃。

即使犀牛想用角顶他，老虎想用爪子抓他，兵想刺他，都无法得逞。

夫何故？以其无死地。

什么原因？因为他能刻意远离虎兕兵刃易死之地，故无物能侵，得享天年。

第五十一章

【原文】

道生之德畜之物形之势成之
是以万物莫不尊道而贵德
道之尊德之贵夫莫之命而常自然
故道生之德畜之长之育之亭之毒之养之覆之
生而不有为而不恃
长而不宰是谓元德

【问题讨论】

本章已经在第四十二章详细讨论过。直接看释义应该就能懂了。

第五十一章释义　元德（二）

道生之，德畜之，物形之，势成之。
道为天下之始、天下母，能化生万物；德为万物之母，能畜养万物（道生一）。
万物负阴而抱阳，各顺其性，形成阴阳不同之体，故曰物形之（一生二）。
二生三以后属于后天，环境助长，万物各自繁衍，生生不息，是谓势成之。
（详见第四十二章）

是以万物莫不尊道而贵德。
所以万物都把道、德视为尊贵之物。

道之尊，德之贵，夫莫之命，而常自然。
道者物之所由，德者物之所得。道、德之所以尊贵，因其既不听命于谁，也不发号施令，而是完全效法自然而为。

故道生之，德畜之、长之、育之、亭之、毒之、养之、覆之。

所以道是万物生命之源，德是其畜养之基，助长万物，培育万物，使其成形结实，各得庇荫而不伤其体。

生而不有，为而不恃，
道赋予万物生命，却不据为己有。德抚育万物长成，却不自恃己功。

长而不宰，是谓元德。
（道与德）为万物之长，却不去制约万物，任其自然成长，这就叫元德。

第五十二章

【原文】

天下有始以为天下母
既得其母以知其子
既知其子复守其母没身不殆
塞其兑闭其门终身不勤
开其兑济其事终身不救
见小曰明守柔曰强
用其光复归其明无遗身殃是为习常

【问题讨论】

　　本章也不再多做解释，都在上篇讨论过，自己回去好好复习。

第五十二章释义　习常

天下有始，以为天下母。
天下之始就是天下万物之母，即道。

既得其母，以知其子。
既然得知其母（道），就能推知其子（万物之德）。

既知其子，复守其母，没身不殆。
既已知其子（万物之德），更应回归护守其母（即尊道而行），如此终身都不会有风险。

塞其兑，闭其门，终身不勤。
塞住欲望之路，关闭情欲之门，无事永逸，故能终身不劳碌。

开其兑，济其事，终身不救。
开启欲望之路，助长情欲之事，终身不得救治。

见小曰明，守柔曰强。
能见微知著者明，能守柔者强。

用其光复归其明，无遗身殃，是为习常。
以光为其用，更应回归到其光源之母——明（即以强为光，以柔为明），才不会使自身受到伤害，这就叫作习常。

第五十三章

【原文】

使我介然有知行于大道唯施是畏
大道甚夷而民好径
朝甚除田甚芜仓甚虚
服文采带利剑厌饮食
财货有余是谓盗夸
非道也哉

【问题讨论】

这里只有一个转折的地方较为难懂，学者们也有不同的见解。

"大道甚夷，而民好径。朝甚除，田甚芜，仓甚虚。"此处的"朝甚除"该怎么解释？王弼注："朝宫室也，除洁好也，朝甚除则田甚芜仓甚虚。"为何朝廷有洁好，就会造成田甚芜仓甚虚？却未言明。

为使前后两句能合成一气，我就按照自己的意思，做出两种与前人不同的解释。第一种是把除字当除去或消除解，则可译为：为了除去民众喜欢走捷径的陋习，朝廷开始增加法令规范，越是如此，百姓就越想走捷径，最后导致田园荒芜，仓廪空虚。

第二种是按照《说文》的解释来翻：

《说文》："除，殿陛也。宫殿之台阶也。《左氏·昭十三》：令诸侯日中造于除（除地为坛，盟会处也）。"

据此可译为：朝廷致力于盟会，最后导致田园荒芜，仓廪空虚。

第五十三章释义　唯施是畏

使我介然有知，行于大道，唯施是畏。

使我骤然悟得些微真知，行于大道之上，此时最怕的就是有所作为。

大道甚夷，而民好径。
大道（无为之道）虽然十分平坦，但是民众却喜欢走捷径。

朝甚除，田甚芜，仓甚虚。
朝廷致力于盟会，最后导致田园荒芜，仓廪空虚。
（除当除去或消除解时，则可译为：为了除去民众喜欢走捷径的陋习，朝廷开始增加法令规范，越是如此，百姓就越想走捷径，最后导致田园荒芜，仓廪空虚。）

服文采，带利剑，厌饮食，
朝廷内穿着讲究华丽，身佩利剑，餐餐丰实还嫌不好。

财货有余，是谓盗夸。
钱财宝物富富有余，多为敛自百姓之财，可谓大盗。

非道也哉！
这是不合于道的。

第五十四章

【原文】

善建者不拔善抱者不脱

子孙以祭祀不辍

修之于身其德乃真修之于家其德乃余

修之于乡其德乃长修之于国其德乃丰

修之于天下其德乃普

故以身观身

以家观家以乡观乡

以国观国以天下观天下

吾何以知天下然哉以此

【问题讨论】

本章只有头两句话是重点，其余都是陪衬。不懂这两句话，就无法理解本章。看看你们能不能解释出来。

善建者所建之物，无法被拔除。善抱者所抱之物，绝不会脱落。

翻得很好！能否举出实例证明？

一时大家都静默无语。最后都说不知道。

这也不能怪你们。这看似两句简单的话，却是千年难解的公案之一。解老专家王弼也只做了原则性的解释，并未提出实例。王弼注："固其根而后营其末故不拔也。不贪于多，齐其所能，故不脱也。"现代学者有人认为是指道与德。也有学者注解为，无建则无可拔，无抱则无脱。

老师认为，任何愿意尝试去解《道德经》的学者，都很值得敬佩。因为他们至少都发现了新的问题所在，并试着对前人的解释，提出自己的看法，可为后世所借鉴。至于谁能解或何时能解，都不是一人或一个时代的问题，而是中华民族的问题。毕竟《道德经》一书实在太重要也太难了！据此，老师也提出新的看法，供大家参考：

善建者地也。地本着后其身而身先之理，建造大地，无物能拔。

善抱者天也。天本着外其身而身存之理，覆抱万物，无物能脱。

第五十四章释义　天地之德

善建者不拔，善抱者不脱。

善建者地也。地本着后其身而身先之理，建造大地，无物能拔。（用之于人则可谓坚忍者不拔。）

善抱者天也。天本着外其身而身存之理，覆抱万物，无物能脱。（用之于人则可谓无欲能容者抱物，无物能脱。）

子孙以祭祀不辍。

天以慈卫地，地以孝侍天。此理运用到治家，即天为父，地为子，故曰父慈子孝。

子孙能传承此慈孝之德，则能永享祭祀。

修之于身，其德乃真。修之于家，其德乃余。

将此天地慈孝之德用之于修身，其德必然真实。用于齐家，家德必能有余庆。

修之于乡，其德乃长。修之于国，其德乃丰。

用之于乡里，乡德必能长远。用之于治国，国之德风必能丰盛。

修之于天下，其德乃普。

用之于天下，天下之德必得普及。

故以身观身，

所以由我自身慈孝之德来观察他人之德。

以家观家，以乡观乡，
以一家慈孝之德，观察他家之德。以一乡慈孝之德，来看他乡之德。

以国观国，以天下观天下。
以一国慈孝之德，来看别国之德。以天下百姓慈孝之德，来观看天下之德。

吾何以知天下然哉？以此。
我何以能知道天下的事情会如此？都是依据天地慈孝之德的原则来观察分析的。

【要点提示】

天的特点：不自生，能做到无我，包容万物。这就是天之慈。

地的特点：不自生，能做到无争，完全顺服于天，愿为人之后，此乃地之孝。

天以慈卫地，地以孝侍天，天地与慈孝的关系就是老子的伦理观。此理运用到治家，天慈地孝就是以天为父，地为子，故曰父慈子孝，乃法天地不言之教也。（详见第十九章）

善建者地也。地本着后其身而身先之理，建造大地，无物能拔。

地给我们的不言之教就是静、忍，用之于人则可谓坚忍者不拔。

善抱者天也。天本着外其身而身存之理,覆抱万物,无物能脱。

天给我们的不言之教就是无欲能容,用之于人则为有容乃大。故无欲能容者抱物,无物能脱。

学地之坚忍不拔,天之无欲能容。

第五十五章

【原文】

含德之厚比于赤子
蜂虿虺蛇不螫猛兽不据攫鸟不搏
骨弱筋柔而握固
未知牝牡之合而全作精之至也
终日号而不嗄和之至也
知和曰常知常曰明
益生曰祥
心使气曰强
物壮则老谓之不道不道早已

第五十五章释义　物壮则老

含德之厚，比于赤子，
含德最丰厚的人犹如婴儿一般。

蜂虿虺蛇不螫，猛兽不据，攫鸟不搏。
婴儿无求无欲不犯众物，故毒虫、猛兽、凶鹰也都不会侵犯他。

骨弱筋柔而握固。
婴儿骨弱筋柔却能握紧各种东西。

未知牝牡之合而全作，精之至也。
虽不知道男女交合之事，但性器却会自动勃起，此乃精气充足所致。

终日号而不嗄，和之至也。
整日哭闹却不会哑，此乃音声内外相和所致。

知和曰常，知常曰明，
物以内外相和为常理，能体验认识到此根本之常理就叫明。

益生曰祥。
生不可益，若有心益之，则其不祥可以预见。
　（段注：凡统言则灾亦谓之祥，析言则善者谓之祥。详见要点提示。）

心使气曰强。
心意起则气随之,心气相合谓之强。(军队之士气即例。)

物壮则老,谓之不道,不道早已。
强之极是壮,壮就是事物衰老的开始,进入衰老则离道远矣,是不道。

【要点提示】

本章把婴儿的各种特殊现象,比作为道家之良能。人们只要能不失此良能,也不刻意去增减,就能全其一生。有些解释可以参考第三十和第五十章的释义。

"益生曰祥"也可以从好的方面来解释,例如:学无为不争也能说是益生曰祥。

"心使气曰强"也不能说不好,强有如数字中的九,壮为十,中国人崇九不崇十即例。

第三十三章:"胜人者有力,自胜者强。知足者富,强行者有志。"此章提到"强"好的一面。

第五十六章

【原文】

知者不言言者不知
塞其兑闭其门挫其锐解其分
和其光同其尘是谓元同
故不可得而亲不可得而疏
不可得而利不可得而害
不可得而贵不可得而贱
故为天下贵

【问题讨论】

在读下篇《德经》时，就会发觉许多句子，好像似曾相识。看看你们能发现多少。

老师，"挫其锐，解其分，和其光，同其尘"在第四章中就出现过。在这里的意思应该和第四章中的解释一样。

对！两者意思确实相通。只有一个字不一样，"解其分"的"分"字，本章用"分"，第四章用"纷"，估计意思应该相同。结合前后文来看，此处"分"指分别意识。另外在本章中为这句话多加了一个注解，说明这句话的意思就叫"元同"，这在第四章中却未提到。在第四章老师把这句话与道德相结合来解释，而这章则与人相结合，言及修身之道。希望大家能从多方面去认识老子。

老师，"元同"是什么意思？

在第一章就提到"两者（道与德）同出而异名，同谓之元（玄）"。元有开始的意思，又是道与德尚未分之时的共同名字，因此本句的"元同"可以注解为：又回到道与德初始之同。

还有什么问题吗？

一时还看不出来，只觉得"知者不言，言者不知"又和我们一般的了解不一样。

"知者不言，言者不知"这句话中出现两次"知"，这两个"知"字是否相同？

同是"知"字，但是为什么言者和不言者的结果却不一样？

请大家翻回第三十三章，或许可以帮助我们理解这句话的意思。"知人者智，自知者明"也出现了两个"知"字，说明老子对知的两种看法。据此"知者不言"可分为两种：一种是只能意会无法言传的知，例如从不言之教所得之明，或是无法用言语来表达的高深莫测之知，即使想说也说不出来，故知者不言。另外一种就是知道却不愿意告诉别人，例如：祖传秘方、武术秘笈、现代尖端科技等皆属于知者不言之范畴。

知人之知谓之智，知人者必与人交往，喜欢教导人分辨是非贵贱之理，故曰言者。"言者不知"中的"言者"就是老子常说的"使乎智者不敢为"的"智者"的意思；"不知"可注解为"言者多只懂得知人之智，却不懂不言之教的知"。我将其注解为：多言者多知人之言，而少有自知之言，故言者不知。"知者不言，言者不知"可以改写为"知者不言，智者不言"，这样比较容易懂。

最后几句大家知道是什么意思吗？

莫非就是上篇常说的，不分好坏，一视同仁，故不可得其亲疏、利害、贵贱？

我想应该就是这个意思。

第五十六章释义　元同

知者不言，言者不知。

知者即自知之明者，自然不需向人言。那些无法用言语来表达的高深莫测之知，即使想说也说不出来，故知者不言。

（祖传秘方、武术秘笈、现代尖端科技等皆为绞尽脑汁之成果，当然不愿轻易公开，这些都属于知者不言的范畴。）

多言者多知人之言，少有自知之言，故言者不知。（参

阅第三十三章）

塞其兑，闭其门，挫其锐，解其分，
闭塞其情欲之门路，挫其所能，解其纷争（解其分别意识，使其能做到无分别意识）。

和其光，同其尘，是谓元同。
光与尘即贵与贱，贵贱能同而视之，则无贵贱之分，故能和其光同其尘，是谓初始之同。
王弼注解得很到位："和光而不污其体，同尘而不渝其真。"

故不可得而亲，不可得而疏，
元同之人视贵贱如一，故无法得以亲近，也无法疏远。

不可得而利，不可得而害，
无法从而得利，也无法从而得害。

不可得而贵，不可得而贱，
无法从而得贵，也无法从而得贱。

故为天下贵。
能齐贵贱，则无物可以加之，是谓无欲之欲，这才是天下最宝贵的。

【要点提示】

"知者不言"可分为两种：一种是只能意会却无法言传的知，例如从不言之教所得之明，是无法用言语来表达的高深莫测之知，即使想说也说不出来，故知者不言。另外一种就是知道却不愿意告诉别人，例如：祖传秘方、武术秘笈、现代尖端科技等皆属于知者不言之范畴。

"解其分"的"分"字是指分别意识。"解其分"意为解除其有分别意识的困扰，使其能进入无分别意识的境界，故不可得而亲、疏、利、害、贵、贱等。

第五十七章

【原文】

以正治国以奇用兵以无事取天下
吾何以知其然哉以此
天下多忌讳而民弥贫
民多利器国家滋昏
人多伎巧奇物滋起
法令滋彰盗贼多有
故圣人云我无为而民自化
我好静而民自正我无事而民自富
我无欲而民自朴

【问题讨论】

　　本章起首就言明主题"以正治国，以奇用兵，以无事取天下"，接着说明其缘故，并没有什么特别难懂的地方。请大家用心看释义，就能懂了。

　　此处之圣人可为哲人或君王。

第五十七章释义　无为治国

以正治国，以奇用兵，以无事取天下。
　　正者明辨是非也。奇者不正也，兵不厌诈，不讲是非，只以成败论英雄。两者都是有为治国。唯独以无为治事，得享天下。

吾何以知其然哉？以此：
　　我何以能知道会如此？从以下几件事就能看出端倪。

天下多忌讳而民弥贫。
　　忌讳本为趋吉避凶，天下忌讳多了，民无所适从，反而越来越贫穷。

民多利器，国家滋昏。
　　利器指凡能利己之器。民多利器，专为一己之私，则国家腐败。

人多伎巧，奇物滋起。
民多慧智则生巧伪，巧伪生则怪邪之事多起。

法令滋彰，盗贼多有。
法令愈琐碎，盗贼就愈多。

故圣人云：我无为而民自化。
所以圣人说：上之所欲，民从之速也。我以无为来治国，民亦仿效无为治事，自能相安无事，各展所长。

我好静而民自正。我无事而民自富。
我以好静为表率，浊以静之徐清，民风自然回归纯正。我不以杂事扰民，民生自然富足。

我无欲而民自朴。
我无欲，民风自然回归淳朴。

第五十八章

【原文】

其政闷闷其民淳淳
其政察察其民缺缺
祸兮福之所倚福兮祸之所伏
孰知其极其无正
正复为奇善复为妖
人之迷其日固久
是以圣人方而不割廉而不刿
直而不肆光而不耀

【问题讨论】

本章谈到为政之道,越少去骚扰民众,民风越归于淳朴,理政犹如闷闷然。反之,越去监管人民,民风则越浇薄。大家是不是觉得很奇怪?

读了那么多老子的例子,也就见怪不怪了,但希望老师能举个例子给我们听。

历史上常有钦差出巡,到各地了解民情。某次有个钦差来到一个县城,查阅了档案,发觉县官从没办过案子,也没有人来告状,钦差也变得闷闷然。细查之后方知,这是最好的治理典范。懂了吧?

"祸兮福之所倚,福兮祸之所伏"这句话都能理解。能不能举个例子?

塞翁失马。但是最后几句还请老师解释一下。

我还是用老子的话来解释"是以圣人方而不割,廉而不刿,直而不肆,光而不耀"。

请看老子写作的方式,先找出问题之所在,然后再提出解决的方法。前面几句指出迷惑众人已久的问题,最后这几句就是老子提出的解决方法。方、廉、直、光均为众人所喜爱,值得去做。割、刿、肆、耀均为众人所畏惧,就别去碰它。行事为人当秉持老子第二十章所说的做人原则"畏人之所畏",就不会再迷惑。再看第九章"揣而梲之,不可长保⋯⋯富贵而骄,自遗其咎"和第二十九章"圣人去甚、去奢、去泰",都是劝人,凡事别过分。这些都是老子的为人处世之道。有了这些认知,再来看释义就容易懂了。

第五十八章释义　福祸相倚

其政闷闷，其民淳淳。
善治者，尚无为，其理政如闷闷然，似有若无。民亦因无事可争，反而变得宽大淳厚。

其政察察，其民缺缺。
为政者处处以法令管制人民，人民则学会钻法律的漏洞，民风逐渐浇薄。

祸兮福之所倚，福兮祸之所伏。
福与祸经常相伴而行，祸中常伴随着福，福中常潜伏着祸。

孰知其极其无正？
谁能知道福祸的终极又是什么呢？难道没有一定的标准？

正复为奇，善复为妖，
正会变为奇邪不正。立善以和万物，则复有妖孽之患。（参阅第二章"皆知善之为善，斯不善已"。）

人之迷其日固久。
这些反复无常的事情，让人们陷入迷惑已有很长的日子了。

是以圣人方而不割，廉而不刿，

所以圣人能秉持其原则引导众生，不会用法令去限制或割除其不当，当去锐解纷，廉而不伤。

直而不肆，光而不耀。
直而不至于肆无忌惮，光照而不耀眼，光不为揭发人之隐匿，只为照亮人心，使其迷途知返。

【要点提示】

此处之圣人可为统治者或君王。

第五十九章

【原文】

治人事天莫若啬
夫唯啬是谓早服 早服谓之重积德
重积德则无不克
无不克则莫知其极
莫知其极可以有国有国之母可以长久
是谓深根固柢长生久视之道

【问题讨论】

这章有三个词困扰我最久,那就是若啬、早服和重积德。你们能懂吗?

我们查到韩非的资料:"啬之者,爱其精神,啬其智识也。"也有资料说啬就是爱惜、节俭的意思。

这章的用字很难理解,这使我想到第四十一章"建德若偷"的例子,要从不好的观点出发来彰显其好,所谓正言若反。因此老师把"啬"字从它不好的一面来注解。

啬有贪心和吝啬的意思。据此可以把"治人事天莫若啬"注解为:治人事天就得效法天地之吝啬与贪心。听到这话大家一定会认为这绝不可能,是老师在和大家开玩笑。可是请大家别忘了老子在第四十一章说过的话:"不笑不足以为道。"请看第七章,天地始终本着来者不拒、多多益善的原则存活,故能长生。从反面的观点来看,就叫"贪得无厌";从反之再反的观点来说,就叫"不自生故能长生"。这样我们就能把"啬"字解释为"不自生"或"不自生故能长生"。

第五十九章释义　不自生之生

治人事天莫若啬。
治人事天莫若"啬啬如天地之不自生"。

夫唯啬是谓早服，早服谓之重积德。
唯有"啬啬如天地之不自生"是谓早服。早早顺服"啬啬如天地之不自生"，就能做到重积德（不断累积天地无为、无欲、不争之德）。

重积德则无不克。
能多积此"啬啬如天地之不自生"之德，就能做到无所不克。

无不克则莫知其极。
无所不克则知此德之无穷尽也。

莫知其极，可以有国。有国之母可以长久，
"啬啬如天地之不自生"既能做到无所不克，又能达到无穷尽，如此必可以兴国。以"啬啬如天地之不自生"为国之母，国则可以长久兴旺。

是谓深根固柢，长生久视之道。
如此才能为国家奠定稳固的根基，这也是国家长远发展之道。

第六十章

【原文】

治大国若烹小鲜
以道莅天下其鬼不神
非其鬼不神其神不伤人
非其神不伤人圣人亦不伤人
夫两不相伤故德交归焉

【问题讨论】

第一句话可以说是名句:"治大国若烹小鲜。"有没有听过?懂不懂?

好像没有听过。烹小鲜应当注意哪些事也不知道。这些和鬼神有什么关系,更是不清楚。

小鲜者百姓也。治理大国就像煎小鱼一样,尽量少去翻动它,否则容易碎。

这和下文中的鬼神、圣人有何关系?

西方人信仰《圣经》,信奉上帝,中国人则信仰中国的哲学,信奉自己的祖先、圣贤和天地。在那文明尚未开化的时代,能以哲学替代宗教,这是非常难能可贵的。现代科技发展突飞猛进,西方宗教受到挑战,逐渐式微。反观吾国哲学则依然独树一帜,方兴未艾,不因科技而损其价值。中国文化为什么能源远流长至今,中国的哲人真是功不可没。

这里讲的鬼神,到底是什么?

本章所讲的鬼神,其意是指统治者应少用鬼神去打扰百姓。《左传·庄公三十二年》,史嚚云:"国将兴,听于民;将亡,听于神。"

那为什么圣人亦不伤人?

鬼神是由智者想出来的,有鬼就有神,有宗教就有圣人。圣人是思想的领导者,若群众不信鬼神而信奉天地和道,那圣人就无用武之地,自然没人再听圣人的教导。圣人就不能再影响百姓的思维,所以才说圣人亦不伤人。

老师曾要我们留意,老子心目中的圣人是什么人。这章所说的圣人好像不是老子心目中的圣人。

既然"以道莅天下"当然就不需要圣人代言。无论是哪种圣人,都无法替代天地。天地才是我们的宗教,我们的信仰。

第六十章释义　治大国若烹小鲜

治大国 若烹小鲜。
治理大国就像煎小鱼一样，尽量少去翻动它，否则容易碎。
（对百姓也当如此，少用鬼神之事去打扰他们，清静无为最好。）

以道莅天下，其鬼不神。
用道来治理天下，连鬼神都神奇不起来。
（《说文》：鬼者人所归为鬼。鬼之神者为神。）

非其鬼不神，其神不伤人。
并非鬼神不神奇了，而是它的神奇魔力影响不了人。

非其神不伤人，圣人亦不伤人。
并不只是神奇魔力伤害不了人，就连圣人之教也伤害不了人。（不再崇尚鬼神和圣人，而尊道贵德。）

夫两不相伤，故德交归焉。
万物能遵行自然无为之道，鬼神、圣人都变得英雄无用武之地，故能与民两不相伤。万物并行而不相害，诸德相互往来而不相伤，同归于道。

第六十一章

【原文】

大国者下流天下之交天下之牝
牝常以静胜牡以静为下
故大国以下小国则取小国
小国以下大国则取大国
故或下以取或下而取
大国不过欲兼畜人小国不过欲入事人
夫两者各得其所欲大者宜为下

【问题讨论】

本章是在探讨国与国之间的相处之道，这次就不和大家一起讨论。讲几个现代国际外交的实例给大家听。

中国和菲律宾的外交往来，就是按照上面这段哲理在进行。这正好也反映出中国高层领导深悉道家哲理，愿以大侍小。菲律宾也愿以小侍大。两国各得所宜，所谓"不自为大，故能成其大"，这才能赢得真正的和平安乐。

第六十一章释义　大者宜为下

大国者下流，天下之交，天下之牝。

大国应似水，当选择低下之地，才能成为天下交汇之所，成为天下之雌。（第二十八章：知其雄，守其雌，为天下溪。）

牝常以静胜牡，以静为下。

天下之雌常用静来战胜好动之雄，靠的就是以静制动，静愿居下。

故大国以下小国，则取小国。

据此原则，大国亦应似水，以谦虚的态度来对待小国，如此就会得到小国的拥护。

小国以下大国，则取大国。

小国也应以谦卑的态度与大国交往，就能以小取大，取悦于大国，获得大国的支持。

故或下以取，或下而取，
因此，无论是秉持谦下的原则而受到拥戴，或是因谦卑能以小取大而获得支持。

大国不过欲兼畜人，小国不过欲入事人，
大国不过就是想借此兼并小国，小国也希望借此附属于大国。

夫两者各得其所欲，大者宜为下。
两方都能遵循谦下之道，双方都能达成各自想要的目的，因此大国更应当谦下。

第六十二章

【原文】

道者万物之奥善人之宝不善人之所保
美言可以市
尊行可以加人
人之不善何弃之有
故立天子置三公虽有拱璧以先驷马
不如坐进此道
古之所以贵此道者何
不曰以求得有罪以免邪故为天下贵

【问题讨论】

本章文字虽说不难,但却有两个难题:其一是结构性的,其二是对文字的误解。看看你们能不能发觉。

虽然老师说有结构问题,我们却看不出来,只有"美言可以市"那句看不懂。请老师帮忙解释一下。

就是因为"美言可以市"这句话,在这里不知该怎么解释,老师也参考了一些专家的解释,多是按照句子,一句一句地解释,却不知其意思为何,总觉得少了整体性,所以难懂。老师大胆地把老子的原文顺序改变,并未加减一字,读起来既有整体性,也容易理解:

"道者万物之奥,美言可以市。善人之宝,尊行可以加人。不善人之所保,人之不善何弃之有。"

好像一经老师重新编排,读起来顺多了。真妙!那老师提的第二个难题在哪儿?我们实在看不出来。后面的句子都不难懂,只要看看参考书就行。不知老师有何看法?

关键就是最后几句:"古之所以贵此道者何?不曰以求得,有罪以免邪。故为天下贵。"请问这几句话是什么意思?

应该是说,道为什么如此尊贵,因为道可以说是有求必应,有罪也可以赦免,故为天下所贵。看不出有什么不合理的地方。

没错!你们再想想看,这个解释合不合理?

宗教里的神同样也是有求必应,有罪也可以赦免。不是正好相符?

我读到这段话时,就想到一个问题,道是否有赦罪的权力?若道有赦免众罪的权力,那它就不是道,而是宗教中的神。有权就有争夺,纷争并起,故而常有宗教战争的发生。道对待万物,好坏如一,绝不争取话语权,无权乃

至权。中国人常说的上天有好生之德，用老子的话说就是生而不有，指的就是道始终在创造生命，却不恃为己功，无为无欲也无权，故为天下贵。据此，我才将注解改注如下：不是说善人靠美言遵行，就可以求得道，而不善之人有罪就无法得道。道对万物一律同等看待，故为天下所贵。

第六十二章释义　道为天下贵

道者万物之奥，善人之宝，不善人之所保。
道隐藏着万物的奥秘，善人视它为宝，不善人靠它得以保全。

美言可以市，
道若美言之，市面上会有许多善人把它当作宝物竞相推崇。
（亦可解释为：把道当作美言，在市面上传播推广。）

尊行可以加人，
尊道而行者，可以加益于人。

人之不善何弃之有。
不善之人也不会被道所遗弃。

故立天子，置三公，虽有拱璧以先驷马，
故在天子登基、设置三公之时，都会先献上拱璧再献上驷马之车，以彰显其隆重。

不如坐进此道。
进献如此贵重之拱璧和驷马，还不如献上道，让道莅临天下。

古之所以贵此道者何?
古时道为何会如此尊贵?

不曰以求得,有罪以免邪。故为天下贵。
不是说善人靠美言遵行,就可以求得道,而不善之人有罪就无法得道。
道对万物一律同等看待,故为天下所贵。

【要点提示】

老子那个年代的说客,可以凭着三寸不烂之舌,就飞黄腾达。现代民主选举时,诺言满天飞,似乎可以视为现代版的"美言可以市"。

第六十三章

【原文】

为无为事无事味无味

大小多少报怨以德

图难于其易为大于其细

天下难事必作于易

天下大事必作于细

是以圣人终不为大故能成其大

夫轻诺必寡信多易必多难

是以圣人犹难之故终无难矣

【问题讨论】

这章也有一个很难解的句子，看看你们会不会发现。"大小多少报怨以德"是什么意思？

王弼把这段解释得很有特点，值得大家参考：报小怨以德很容易。大怨是指得罪了天下，人人都认为当诛之，顺从天下人共同的想法就是大德，即可共而诛之。故大怨当以大德报之。用现代话讲，就是"顺势而为，革命有理"，武王伐纣即例。

老师的看法和第四十九章有关："善者吾善之，不善者吾亦善之，德善。"就是不该有分别的意识。

"是以圣人终不为大，故能成其大。"这句也不太懂。既然不为大，为何会成其大？

人若能无为，就能和自然融为一体，两者合故大。自然为大，人为小，自然能以大事小，人亦愿以小事大，臣服于自然，两者相合则成大，是以圣人终不为大，故能成其大。反之，自然虽愿以大事小，而人却不愿以小事大，转而走上有为之路。如此人与自然的距离越离越远，两者分故无法为大。（参阅第六十一章之"大者宜为下"）。

不为者不离自然也，有为者远离自然也，无为就是老子天人合一思想的具体表现。

老师，"是以圣人犹难之，故终无难矣"这句是什么意思？参考书都注解为："连圣人都觉得困难，所以最后就没有困难。"但究竟是怎么回事都没人能讲清楚。

对了！这就是难题之所在。要想破解此难题，首先要知道"易"和"细"这两个字的意思。你们说说看。

就是万事起头难，必须要从易、细开始着手，由易入难，由小变大。也就是说从一开始做时，就要小心谨慎，才不会功亏一篑。这事圣人也觉得很难做到。

这点你们说得对，易、细就是开始着手的意思。那为什么会"终无难矣"？

这就是我们的问题。

这是个很有趣的问题。句子都注解无误，就是最后一句解不出来。老师也遇到了同样的困难。这时就得考虑到，本章主旨是什么？

"图难于其易，为大于其细。"

学术界多是这么讲的。老师认为本章的主旨应该是"为无为，事无事，味无味"。因为"图难于其易，为大于其细"都是在讲有为。一开始就有为，不论易、细都会越来越难。因此只有在一开始就无为，如此继续无为下去，才能解决问题。所以老子才说："是以圣人犹难之，故终无难矣。"圣人都觉得有为实在太困难，因此连易、细之有为都不敢去做。只敢做那最容易的"为无为，事无事"，并且持之以恒，所以至终都不会有困难了。

哎！真是太妙了！老子的思想真是太高深了！实在无法用世俗的眼光来评判！

第六十三章释义　勿以易细而有为

为无为，事无事，味无味。
为尚无为，事尚无事，味尚无味。

大小多少报怨以德。
无论大小多少，只要有怨都当报以德。（参阅第

四十九章"善者吾善之，不善者吾亦善之，德善"。）

（王弼注：报小怨以德很容易。大怨是指得罪了天下，人人都认为当诛之，顺从天下人共同的想法就是大德，即可共而诛之。故大怨当以大德报之。）

图难于其易，为大于其细。

想解决难事，应在事情还容易的时候着手。想要做大事，就该从细小的时候开始规划。

（容易和细微都是代表刚起步的阶段，起步时若错了，日后就会越来越错。因此建议在最容易、最细微的起步阶段，就应当为无为、事无事，日后才不会出错。反之，起步时就有为，日后困难则愈多。）

天下难事必作于易。

天下困难之事，一定是从容易开始。

天下大事必作于细。

天下之大事，一定始于细微，以后才变大。

是以圣人终不为大，故能成其大。

所以圣人从头到尾都不愿为大，故能成其大。（参阅第三十四章"不大之大"。）

夫轻诺必寡信，多易必多难。

轻易许诺之人，信用一定不好，言多必失。多易也必多难。

（轻诺、多易均为有为之始，其结果必为寡信、多难。）

是以圣人犹难之,故终无难矣。

是以连圣人都觉得有为是件相当困难的事,因此主张为无为,事无事。

既然无为,所以至终都不会遇到困难了。

【要点提示】

此处之圣人可为哲人或君王。

第六十四章

【原文】

其安易持其未兆易谋
其脆易泮其微易散
为之于未有治之于未乱
合抱之木生于毫末九层之台起于累土千里之行始于足下
为者败之执者失之
是以圣人无为故无败无执故无失
民之从事常于几成而败之
慎终如始则无败事
是以圣人欲不欲不贵难得之货
学不学复众人之所过
以辅万物之自然而不敢为

【问题讨论】

这章能读得懂吗？

在听老师讲解第六十三章前，只能看懂那些名句，例如："合抱之木生于毫末，九层之台起于累土，千里之行始于足下。"但绝没有想到下一句竟然是"为者败之，执者失之"。听过老师讲解上一章后，现在都可以理解了。这章其实就在重复第六十三章的思维，只是用了更多的例子来强调，凡事都要在一开始时就做到无为，否则就会"为者败之，执者失之"。

很好！你们现在总算能不再用有为的眼光来看老子了！本章有个地方，老师也没有把握，因此提出来，大家共同讨论。那就是"学，不学，复众人之所过"该怎么解释？

每当遇到这类困难的问题时，我一定先看王弼是怎么注解的，他是这么注解的：

"不学而能者自然也。喻于不学者过也。故学不学以复众人之过。"这里我们首先要能知道"众人之所过"是什么意思。王弼认为众人之过，就是不学自然或不学无为。据此可以注解为：学自然无为，不学自然无为就是重复众人之过错。

本章"圣人欲不欲，不贵难得之货"和第三章"不见可欲""不贵难得之货"意思相近。唯独"不尚贤"只出现在第三章，而本章却未出现。还有一个有趣的相似之处，两章结尾也非常近似，且出现同样的词句"不敢为"。

第三章："使夫智者不敢为也。为无为，则无不治。"本章"学，不学，复众人之所过，以辅万物之自然，而不敢为。"这里的"而不敢为"虽然没有提到"使夫智者不敢为也"，但仍然可以注解为：而不敢像智者一般有所作为。

本章和第三章甚为相似，因此我才大胆假设，这两章应当有所关联。"学不学复众人之所过"应该和"不尚贤"有关。故试着在学字后断句："学，不学，复众人之所过。"我注解为：学无为，不学尚贤，以免重复众人之过错。

第六十四章释义　慎终如始

其安易持，其未兆易谋。
在安定之时就当未雨绸缪，此时提早筹划容易持守。事情未显出征兆时，易于图谋。

其脆易泮，其微易散。
脆的东西容易破，细微的东西容易散。

为之于未有，治之于未乱。
凡事在尚未有兆端发生之时，可以图谋。在事情尚未生乱象之时，着手治理。

合抱之木生于毫末。九层之台起于累土。千里之行始于足下。
能让多人合抱的大树，也是从毫末之嫩芽长成的。九层之高台也是用一筐筐的土累积筑成的。千里之行也必须从脚下开始。

为者败之，执者失之。
有为者必败，心有所执着者必有所失。

是以圣人无为，故无败。无执，故无失。
因此圣人无为，所以不会失败。心无所执故无所失。

民之从事，常于几成而败之，
民众做事，经常失败于将成之时。（因其有为有执。）

慎终如始，则无败事。
如果做事开始就能本着无为无执，则能始终如一，就不会有做不成的事。

是以圣人欲不欲，不贵难得之货。
因此圣人之所欲就是无欲，不以难得之货为贵。

学，不学，复众人之所过，
学自然无为，不学自然无为就是重复众人之过错。
（又译：学无为，不学尚贤，以免重复众人之过错。）

以辅万物之自然，而不敢为。
如此方能用来扶助万物，重返自然，而不敢像智者一般有所作为。

【要点提示】

对于"慎终如始，则无败事"，坊间多从有为的观点来解释，我们应当从老子无为的观点出发来注解。据此这里指的是凡事在起步时就要能做到无为无执，开始的第一步绝不能走错。若在一开始最简单的时候就有为有执，再容易的事情都会变得越来越复杂，注定走向始成终败之路。反之开始若走在无为无执道上，则能始终如一，终无败事。

这章也提到了圣人，应该和第三章的圣人相同，都可算是居上位者。

第六十五章

【原文】

古之善为道者非以明民将以愚之
民之难治以其智多
故以智治国国之贼
不以智治国国之福
知此两者亦稽式
常知稽式是谓元德
元德深矣远矣与物反矣然后乃至大顺

【问题讨论】

老师，这章真是难懂。虽然理解"绝圣弃智"的意思，却仍然不懂，为什么"古之善为道者，非以明民将以愚之"？

首先要知道明民是明什么，愚民是愚什么。

老子此处的明和不言之教的明不同。不言之教的明是名词，是个人与自然的直接交往所得的明，而非靠他人之教导；明民的明是动词，是指如何去教导民众，故与不言之教的明完全不同。这里明民的意思就是说，常使民尚贤、贵难得之货、常见可欲的意思。愚民则正好相反，常使民不尚贤、不贵难得之货、不见可欲的意思。请大家翻回第三章，看看就知道了。

为什么老子说"民之难治，以其智多。故以智治国，国之贼。不以智治国，国之福"？

请看第三十三章，或许可以帮助我们理解这几句话的意思。"知人者智，自知者明"中"智"字代表人际关系之知，这是老子反对的，所以才发此言。

老师，"稽式"是什么意思？

这章特别难懂，并非有什么特别难解的哲理，而是在用词方面。或许这些词在当时并不难懂，但历经两千多年，到了现在就像在和人捉迷藏一样，怎么解释都觉得不理想，例如第五十九章出现过的"啬""重积德"，第四十一章的"建德若偷"等。"稽式"也是其中之一。查了些资料，多把稽字解为：留或止；计，核计，例如以名计虚实，同等，考核等。王弼将其注解为："稽同也，今古之所同，则不可废。"据此可以解释为：明民与愚民所带来的结果，今古相同，此理不可以废除。知道这两种治国方式的结果，自能做出抉择，定出治国之法则。

那"常知稽式，是谓元德"又该如何解释？

这也是难解之处。请看第十章和第五十一章都提到元德："生而不有，为而不恃，长而不宰，是谓元德。"依此看来，"常知稽式，是谓元德"意思就是说，谁能识得稽式之理，就能用"生而不有，为而不恃，长而不宰"来治国。

第六十五章释义　元德（三）

古之善为道者，非以明民将以愚之。
古时候善于运用道的统治者，并不是什么事情都希望人民能分辨清楚，而是期待百姓不去分辨贤愚贵贱，有若愚者。

民之难治，以其智多。
人民之所以难治理，是因为有慧智（走人际关系）的人太多。

故以智治国，国之贼。
故用智（人际关系）治国，此乃国家之灾。

不以智治国，国之福。
不用智治国，民多淳朴，此乃国家之福。

知此两者亦稽式，
知道这两种治国方式的结果，自能做出抉择，订出治国之法则。

常知稽式,是谓元德。

常知此法则,就能做到不以智治国,是谓元德。(参阅第十章和第五十一章)

元德深矣远矣与物反矣,然后乃至大顺。

生而不有,为而不恃,长而不宰,为而不争,是谓元德。元德的含义既深且远,往往反其道而行,使万物能重返自然,然后才能走上大顺之境地。

第六十六章

【原文】

江海所以能为百谷王者
以其善下之故能为百谷王
是以欲上民必以言下之
欲先民必以身后之
是以圣人处上而民不重
处前而民不害
是以天下乐推而不厌
以其不争故天下莫能与之争

【问题讨论】

　　本章并未提出新的观点，也没有特别难懂的地方。所谈到的问题，在前面众多章中都讨论过，相信你们看到释义后，应该都能理解，因此不再详述。目前最流行的就是，凡事都要能和国际接轨，或是能与生活结合。不知你们能不能把这篇文章和国际或生活接轨？

　　老师，我们还真没想过这方面的事。还是请老师讲吧！

　　现在就和大家谈谈老子与国际形势。中、美两国同为世界大国，大国犹如大海，愿自处于下则远近诸国皆愿来往，世界走向和平安定。若大海居于高地，凡事都奉行美国第一，则世界会变得水患不断，到处烽火燎原，永无安宁之日。

　　本章主旨可以用大家都知道的一句话来结尾：满招损，谦受益。

第六十六章释义　　不争之得

江海所以能为百谷王者，
江海之所以能成为百谷之王，

以其善下之，故能为百谷王。
是因为江海愿处于低下之处，故能吸纳百川，成为百谷之王。

是以欲上民，必以言下之。

因此欲为万民之上，言语上一定要能做到谦下。（法天）

欲先民，必以身后之。
想要为民之表率，必须做到谦让，不与民争，以民为先。（法地）

是以圣人处上而民不重，
因此圣人虽然居万民之上，而民众不会感受到压力。

处前而民不害。
处前而民不觉有所妨害。

是以天下乐推而不厌，
因此天下之人都乐于推其为共主，而不会厌弃他。

以其不争，故天下莫能与之争。
由于不争，所以天下就没有人能和他争。

【要点提示】

本章的圣人当指君王或统治者。

第六十七章

【原文】

天下皆谓我道大似不肖夫唯大故似不肖
若肖久矣其细也夫
我有三宝持而保之
一曰慈二曰俭三曰不敢为天下先
慈故能勇俭故能广
不敢为天下先故能成器长
今舍慈且勇舍俭且广舍后且先死矣
夫慈以战则胜以守则固
天将救之以慈卫之

【问题讨论】

本章有三个关键字，只要能弄懂了，其他的就容易了。这三个字就是：肖、慈、俭。

"我道大，似不肖"中的"肖"字多注解为像，比较难懂。老师查了字典："肖"与"消"通，释散，衰微也。故可以解释为：我的道大到好像不会消逝。

"我有三宝，持而保之。一曰慈，二曰俭，三曰不敢为天下先。"此三宝即天慈、地俭、人不争。如天之慈乃人法天之德、无物不覆的表现，无物不覆看似退让无勇，实乃大勇，故以慈为宝。法地之俭故能无物不载，俭者能自我约束，听命于天地，易知足能包容故能广，此乃人能法地无物不载之德，故而宝之。不敢为天下先者乃为而不争的范例，故亦为人之所宝。如此看来知足、包容与不争都是天地给我们的不言之教，故当宝之。

第六十七章释义　　天慈地俭人不争

天下皆谓我道大，似不肖，夫唯大故似不肖。

天下都说，我的道大到好像不会消逝。因为太大，所以像不会消逝。

（"肖"与"消"通，释散，衰微也。）

若肖久矣，其细也夫。

若会消逝，经时历久它早就变得细小了。

我有三宝，持而保之。
我常呵护着我的三件宝。

一曰慈，二曰俭，三曰不敢为天下先。
一是慈；二是俭朴；三是不争，不敢为天下先。

慈故能勇，俭故能广，
慈者能做到无我爱物，故能勇。能俭啬则无匮乏之虑，故能广。

不敢为天下先，故能成器长。
不敢为天下先，所以能容纳百川，成为统领器物之长。

今舍慈且勇，舍俭且广，舍后且先，死矣！
今有勇无慈，舍俭而求广，勇、广都成了无根的假象。不知后其身而身先的道理，反而事事争先。这些都能引向死亡之路。

夫慈以战则胜，以守则固。
战以慈则得胜，守以慈则得固守。

天将救之，以慈卫之。
上天要拯救谁，就会用慈来护卫他。

第六十八章

【原文】

善为士者不武
善战者不怒
善胜敌者不与
善用人者为之下
是谓不争之德
是谓用人之力
是谓配天古之极

【问题讨论】

本章写得简明扼要，看看你们能发现什么。

头两句的"武"和"怒"字应该怎么解释？

这两个字王弼解释得很好：

"武尚先陵人也。不怒者后而不先，应而不唱，故不在怒。"

第六十八章释义　不争之德

善为士者，不武。
善为将帅者，不会以武欺人。（士亦可指兵士，在车曰士，步曰卒。）

善战者，不怒。
善于作战者，不轻易发怒。（王弼注：不怒者后而不先，应而不唱，故不在怒。）

善胜敌者，不与。
善于败敌制胜者，不与敌方对阵，不与其争，以退为进。

善用人者，为之下。
善用人者，愿为人之下。

是谓不争之德，

这些都是不争之德（即不武、不怒、不与、愿为人之下）。

是谓用人之力，
这就是借人之力而为之。

是谓配天古之极。
这就是配合天意，做到古之极则。

第六十九章

【原文】

用兵有言吾不敢为主而为客
不敢进寸而退尺
是谓行无行攘无臂扔无敌执无兵
祸莫大于轻敌轻敌几丧吾宝
故抗兵相加哀者胜矣

【问题讨论】

老师,"行无行,攘无臂,扔无敌,执无兵"是什么意思?

这句其实并不难理解,关键在本章头两句,若这两句不懂,就无法理解全章。其实本章的最佳注解,就是历史上最有名的战役之一,谁知道是哪个战役?

这还真看不出和哪个著名战役有关。

那我再问大家一个问题,孙膑的老师是谁?

大家都说鬼谷子是他的老师。

我虽然也不知道谁是他的老师,但我却知道孙膑最有名的战役就是完全遵照这一章去执行的。现在你们应该知道是哪一个战役了吧?

老师讲的应该就是马陵之战了吧?但我们还是看不出这和马陵之战有什么关系。

刚才你们问"行无行,攘无臂,扔无敌,执无兵"是什么意思,简单地说就是两军作战,主攻的军队到达前线才发觉对方早就逃跑了,所以才说"行无行,攘无臂,扔无敌,执无兵",这样就能懂了吧?

原来就这么简单,我们还以为有多难呢!

其实关键就在头两句:"用兵有言:吾不敢为主,而为客。不敢进寸,而退尺。"让人直觉上认为主客应该会碰面才对,寸尺的间隔好像也没有那么远,致使大家判断错误。若按照比例来看,对方跑了十千米来攻打我,那我军不是要退到几十千米外?

好了,言归正传。

公元前342年马陵之战,孙膑佯装败逃,让庞涓的军队乘兴而来,却找不到可以与他们对抗的军队,是谓"行无行,攘无臂,扔无敌,执无兵";孙膑继而使出"减灶"计,利用庞涓傲慢轻敌、求胜心切之弱点,"祸莫大于轻敌,

轻敌几丧吾宝"，最后大败庞涓。这也是第六十八章中所谓的"善胜敌者，不与""是谓用人之力"的实例。

第六十九章释义　用兵进退之道

用兵有言：吾不敢为主，而为客。
兵家有句名言：我不敢主动发起战事，而是被动地参与战事，也就是人为主，我为客。人为之，我应之。

不敢进寸，而退尺。
不敢争先躁进，而愿谦让退守。（使来袭者陷入无敌高傲的状态。）

是谓行无行，攘无臂，扔无敌，执无兵。
这就是所谓的率军来袭，排开阵式，却不见对方的行阵。举臂欲抗却不见有臂回应，欲扔却找不到敌人可攻击，欲执而擒之，却不见敌兵。

祸莫大于轻敌，轻敌几丧吾宝。
如此军队就会开始轻敌。用兵最大的祸害，莫大于轻敌，一有轻敌的念头，几乎就会丧失我的三宝：慈、俭、不敢为天下先。

故抗兵相加，哀者胜矣。
如果对抗双方兵力相当，哀兵绝不会轻敌，故能得胜。

（王弼注：加者当也。）

【要点提示】

本章就是第六十八章所言"善胜敌者，不与"的实例。

第七十章

【原文】

吾言甚易知甚易行
天下莫能知莫能行
言有宗事有君
夫唯无知是以不我知
知我者希则我者贵
是以圣人被褐怀玉

第七十章释义　被褐怀玉

吾言甚易知，甚易行。
我所说的道理很容易理解，也很容易实行。

天下莫能知，莫能行。
天下之人多无法理解我的言论，也无法去实行。

言有宗，事有君。
言有所宗，事有所主。

夫唯无知，是以不我知。
由于世人不知道这些道理，所以他们也不理解我。

知我者希，则我者贵。
理解我的人已经很少了，那想效法我的人就更少、更觉可贵了。

是以圣人被褐怀玉。
所以圣人外表穿着粗衣与平民无异，内心所怀则光洁如玉，所谓被褐怀玉。

【要点提示】

这章所提到的圣人就和君王无关，而是指百姓或隐士。

第七十一章

【原文】

知不知上不知知病

夫唯病病是以不病

圣人不病以其病病是以不病

第七十一章释义　知不知上

知不知上，不知知病。
知道自己之不知者，上。不知道却自以为知者，病。

夫唯病病，是以不病。
正因为怕得此不知之知的病，是以远离，故能不病。

圣人不病，以其病病，是以不病。
圣人不会得此病，因为他怕得此病，是以避而远之，故能不病。

【要点提示】

孔子曰：知之为知之，不知为不知，是知也。
这章所提到的圣人也和君王无关，而是指知道自己之不知的人。

第七十二章

【原文】

民不畏威则大威至
无狎其所居无厌其所生
夫唯不厌是以不厌
是以圣人自知不自见
自爱不自贵
故去彼取此

第七十二章释义 自知自爱

民不畏威,则大威至。
人民不害怕威慑,那更大的威慑、暴乱就会随之而至。

无狎其所居,无厌其所生。
不去打扰百姓的居处,也不厌弃百姓喜欢的生活方式。

夫唯不厌,是以不厌。
因为不厌弃民之所愿,因此人民也不会厌弃他。

是以圣人自知,不自见。
所以圣人有此自知之明,知者不言,不求标新立异展现其所能。(即和光)

自爱,不自贵。
能洁身自爱,不自以为了不起。(即同尘)

故去彼取此。
所以当远离自现、自贵,回到自知、自爱。

【要点提示】

这章所提到的圣人就和统治者有关。
圣人自知,不自见:自知可分为两种,一种是对人,一种是对物。

对人者谓知人之智，知道自己应守的分寸，故能不自现。

对物者谓自知之明，则不受此限，享有思想上的绝对自由，遵行知者不言的教诲。

本章是指与人交往。

第七十三章

【原文】

勇于敢则杀勇于不敢则活
此两者或利或害
天之所恶孰知其故
是以圣人犹难之
天之道不争而善胜
不言而善应
不召而自来
繟然而善谋
天网恢恢疏而不失

第七十三章释义　不争而善胜

勇于敢则杀，勇于不敢则活。
勇于刚强敢表现之人会被杀，勇于柔弱不敢表现之人，则得以保全性命。

此两者或利或害，
这两种都是勇敢的表现，刚强或柔弱，哪种较为有利或有害？

天之所恶，孰知其故？
天之所恶，谁能知其缘故？

是以圣人犹难之。
所以连圣人也觉得很难去解说。

天之道不争而善胜，
天之道唯不争，故天下莫能与之争，故常得胜。

不言而善应，
天不言，四时俱应，万物作焉。
（王弼：不言而善应者，因其知顺则吉、逆则凶的道理，故善应）。

不召而自来，
能外其身、处下，则万物不招而自来。

繟然而善谋。
天道宽博，但自有其深谋远虑。（繟，即宽。）

天网恢恢，疏而不失。
天网至广，无所不包，虽然看似很稀疏，但却绝无失漏。

【要点提示】

　　圣人之难在于无法识得天之所恶，但却知道天之所为，即不争、不言、不召、繟然而善谋。人虽然无法得知天意，只要能依照天之道去做，就能识得天之所恶。
　　这章所提到的圣人就是古之圣贤。

第七十四章

【原文】

民不畏死奈何以死惧之
若使民常畏死而为奇者
吾得执而杀之孰敢
常有司杀者杀
夫代司杀者杀是谓代大匠斫
夫代大匠斫者希有不伤其手矣

第七十四章释义　人命关天

民不畏死，奈何以死惧之?
人民如果不怕死，想以死来恐吓，也是没用的。

若使民常畏死，而为奇者，
如果让人民常害怕死，只要有人敢标新立异，诡异乱群。

吾得执而杀之，孰敢？
我就把他抓起来杀掉，还有谁再敢？

常有司杀者杀。
常有主管杀戮之大匠主杀。

夫代司杀者杀，是谓代大匠斫。
若有人想代替掌管杀戮者来执行杀，就等于是替大匠凿木。

夫代大匠斫者，希有不伤其手矣！
想替大匠凿木的人，很少会有不伤到自己手的。

第七十五章

【原文】

民之饥以其上食税之多是以饥
民之难治以其上之有为是以难治
民之轻死以其上求生之厚是以轻死
夫唯无以生为者是贤于贵生

【问题讨论】

这章你们自己看得懂吗?

看了其他参考资料,应该可以说懂了。

你们一定没想到这章也是属于千年难解的一章。关键就在最后一句,若这句解不出来,就无法了解这章背后隐藏的悲情。

坊间多解释为:唯有不为生而为者,能恬淡无欲,不去扰民,得享清净,要比那些贪得无厌、贵生厚养而扰民的有为者强多了。

你们说得没错!老师开始也没看出其关键之旨意,也把无以生为者和贵生者作比较,故而注解多偏向清静无为的道家旨意。后来从写作的方式中我了解到其奥妙之处。前三句都是为铺垫第四句而写,因此不应当仅和贵生这一句相比,而应配合全章来看,从而发现了这个秘密。

请看这里描写的三种民众的生活情景:饥民、难治之民和轻死之民,并说明其缘由。由此可以看出百姓生活在水深火热之中,已经到了"无以生"的地步,就是说快要活不下去了,官逼民反才会如此,故曰:"无以生为者,是贤于贵生。"意思就是说饥民、难治之民和轻死之民的所作所为,都比那些食税、有为、求生之厚的居上位者更可贵。

惭愧!惭愧!误解老子到了这个地步!谢谢老师!

第七十五章释义 无以生而为

民之饥,以其上食税之多,是以饥。
民众会饥饿,是因为主政者征税过多,所以会闹饥荒。

民之难治,以其上之有为,是以难治。
人民难以治理,因为主政者实行有为而治,所以难治。

民之轻死,以其上求生之厚,是以轻死。
民之所以会轻视死亡,是因为主政者奢华无度,败坏风气,致使民众轻视死亡。

夫唯无以生为者,是贤于贵生。
民众因为活不下去而被迫做出的行为,要比那些贪得无厌、贵生厚养而扰民者强多了。

第七十六章

【原文】

人之生也柔弱其死也坚强
万物草木之生也柔脆其死也枯槁
故坚强者死之徒柔弱者生之徒
是以兵强则不胜木强则兵
强大处下柔弱处上

第七十六章释义 柔弱生之徒

人之生也柔弱,其死也坚强。
人在活着的时候身体柔软,死后则变得僵硬。

万物草木之生也柔脆,其死也枯槁。
万物草木活着的时候也是柔软脆弱,死时也变得枯槁。

故坚强者死之徒,柔弱者生之徒。
故坚强刚硬者是走向死亡之辈,柔弱者才是得以存活之人。

是以兵强则不胜,木强则兵。
所以强兵自以为天下无敌,容易轻敌,反而不能取胜。强壮的树木则易招致砍伐。

强大处下,柔弱处上。
强而大的事物多处于下,柔而弱的则居于上。

第七十七章

【原文】

天之道其犹张弓与
高者抑之下者举之
有余者损之不足者补之
天之道损有余而补不足
人之道则不然损不足以奉有余
孰能有余以奉天下唯有道者
是以圣人为而不恃功成而不处其不欲见贤

【问题讨论】

前面好几章都没有和大家讨论问题，最主要的原因是我们已经快把《道德经》读完，关键的道家思想也都和大家讨论过了。越到后面，重复出现的概率就越多。虽然老子依然妙语如珠，所举出的例子依然那么生动，但从思想内涵来看多为重复，所以没和大家讨论。这章又出现了一个有趣的例子，是与当时生活有关，但因为科技发达改变了我们的生活，致使后人误解了前人，所以老师才提出来和大家讨论。

这个例子就是射箭。古时男人多会射箭，"六艺"中也有射箭，可见其重要性。谁能告诉老师，张弓和开弓有何不同？

古人生活中离不开弓箭，而我们生活中已经几乎看不到弓箭了。张弓和开弓应该一样吧，就是把弓拉开，准备射箭。

可以这么说。那"高者抑之，下者举之"怎么解释？

既然讲射箭，想往高处射时，例如想射树上的鸟，就必须弓把朝上，弓弦往下拉。若目标在下则弓把朝下，弓弦往上拉。

答对了！严格点讲也不对！《说文》："张：施弦于弓曰张。"坊间版本多据此而将张弓翻成为弓上弦。这么一来"高者抑之，下者举之"就要从为弓上弦的方向去思考。就注解为："弦位高了，就把它压低。弦位低了，就把它升高。"这样解释懂了吗？

我们还真没有看过，弓弦是怎么上的，弦位是指什么，所以无法判断。

估计许多专家学者也都没接触过弓，因此只能依据书本来注解。当我发现这个问题时，就查王弼是怎么注解的。

一查才发觉他这段根本没有解释,这时才恍然大悟,汉朝时弓箭是生活必需品,不必解释都能看得懂。由于老师习武,也略使用过弓箭,却不懂什么是弦位。因此再去查《说文》。《说文》:"张:施弦于弓曰张。"如此看来学者专家都没有注解错误。于是再继续查找,查到引弓,《说文》:"引:开弓也。施弦于弓曰张,钩弦使满以竟矢之长亦曰张。"总算找到了张弓并非只有施弦于弓的意思,也有开弓的意思。因此我把"高者抑之,下者举之"照着开弓的意思注解为:想要往高处射时,必须弓把朝上弓弦往下拉;想要往低处射时,必须弓把朝下弓弦往上拉才行。

第一个问题解决后,又出现了第二个问题:"有余者损之,不足者补之"和张弓有何关系?你们怎么看?

目标近时弓弦就少拉些,远时就多出些力来拉。

这就答错了!就是因为你们没使用过弓箭。无论目标远近,弓都张得同样开,正如使用手枪一样,无论远近所爆发出的火力完全一样,绝不会因距离不同而发出不同的火力,否则弹道就无法控制,除非更换枪支和弹药。弓箭的射程远近,在制作弓时就已确定,制成后,即使想射更远些,都无法办到,必须换更强的弓才行。

原来是这么回事!那该怎么解?

这个问题我查过不少资料,也想了很久,都找不到适当的解释。于是试着重新断句,最后终于让我找到答案,就是"天之道其犹张弓与"的那个"与"字。

"与"字不就是个语气助词吗?

它是可以当语气助词,但在这里却不是。请看老师的断句方式:"天之道其犹张弓,与。"如此一来"与"字就是施与或与人交往的意思,而不是语气助词。

何以证明?

第八章有"与善仁,言善信",第六十八章有"善胜敌者,不与"这两处之"与"字就是施与或与人交往的意思。如此则可以和下文"有余者损之,不足者补之"相承接。

谢谢老师的精彩分析!

第七十七章释义　天人之道

天之道其犹张弓,与。
天之道犹如开弓射箭、与人交往的道理一样。

高者抑之,下者举之。
想要往高处射时,必须弓把朝上弓弦往下拉;想要往低处射时,必须弓把朝下弓弦往上拉。

有余者损之,不足者补之。
与人交往的原则是谁多了就当减损,谁不够就当得到补助。

天之道损有余而补不足。
天道也是同样的道理,有余者受到削减,以弥补救助不足者。

人之道则不然,损不足以奉有余。
人之道则不同,正好相反,剥削那些连自给都不足者,来侍奉那些富而有余者。

孰能有余以奉天下？唯有道者。
谁能把多余的捐赠给天下？只有那些有道之士。

是以圣人为而不恃，功成而不处，其不欲见贤。
因此圣人为而不自恃其能，功成事就而不居其功，主要是因为不想彰显其贤能以均天下。

【要点提示】

最后提到道者与圣人的不同之处。

"孰能有余以奉天下？唯有道者。"这句话承接前文，连成一气。但下一句似乎与前文毫无关联："是以圣人为而不恃，功成而不处，其不欲见贤。"应该说本章是在描述道者，而非圣人。既然文中提到圣人，那就也将此列为圣人的要点之一：圣人是指能做到为而不恃，功成而不处，且不希望彰显其贤能的人。

第七十八章

【原文】

天下莫柔弱于水
而攻坚强者莫之能胜以其无以易之
弱之胜强柔之胜刚
天下莫不知莫能行
是以圣人云受国之垢是谓社稷主
受国不祥是为天下王
正言若反

【问题讨论】

老师，请您解释一下最后那两句。

"是以圣人云：受国之垢，是谓社稷主。受国不祥，是为天下王。"老子先感慨，大家都知道弱能胜强，柔能胜刚，却无人愿意这么做。"是以圣人云：受国之垢，是谓社稷主。"谁能受国之垢他就能成为社稷主，国之垢一定是很大的事，此事非得法水之柔，地之能载，方能奏效。这类事情多和地有关，所谓后其身而身先，始能成为社稷主。"受国不祥，是为天下王"多与天有关，故应法天之外其身而身存，以弱胜强，来承受国之不祥，方能王天下。

第七十八章释义　正言若反

天下莫柔弱于水，
天下没有比水更柔弱的东西。

而攻坚强者，莫之能胜，以其无以易之。
但若想攻克最坚强的东西，没有能胜过水的，因为水之柔弱，无物可以替代。

弱之胜强，柔之胜刚。
弱能胜强，柔能克刚。

天下莫不知，莫能行。
天下都知道这个道理，却都无法做到。

是以圣人云：受国之垢，是谓社稷主。
因而圣人说：谁能承受国之屈辱（处下如土，守辱则荣），谁就能成为社稷主。

受国不祥，是为天下王。
谁能承受国之灾难，以弱胜强，谁就能成为天下之王。

正言若反。
自处于反，则适得其正，看似相反的理论，实为正确之言。

【要点提示】

这章所提到的圣人就是古之圣贤或君王。

第七十九章

【原文】

和大怨必有余怨 安可以为善
是以圣人执左契而不责于人
有德司契无德司彻
天道无亲常与善人

【问题讨论】

要想了解本章，一定要先知道古时的习俗。

古人契约以右为尊，左为卑。右契可以索取，左契待合而已。

"天道无亲，常与善人"是本章最重要的理念。周武王伐纣时，遇到的最大的难题就是，如何才能推翻君权神授，"家天下"的法统地位。如果纣王是"天"的儿子，那姬姓绝不能篡位，只能由殷纣王的家族来继承，否则就是逆天行事。为了打破这种观念，就提出一个具有革命性的理论，即"皇天无亲，惟德是亲"，此处之亲指的是亲属或亲近。故而亦可以解释为：老天没有亲戚，常把权力交给有德之人。

第七十九章释义　天道常与善人

和大怨，必有余怨，安可以为善？

大怨经调停和解后，虽然解决了大问题，但心中一定还存有一些不满，怎么可以说是好的解决方法呢？

是以圣人执左契，而不责于人。

因此圣人执左契，不向他人索取，也不责备他人，以防怨尤发生。

（古人契约以右为尊，左为卑。右契可以索取，左契待合而已。）

有德司契，无德司彻。
有德之人善司左契，借贷与人，而不索取。无德之人犹如税吏，只取而不施与。

天道无亲，常与善人。
天道不会特别亲近谁，常与有德之人同在。
（老天没有亲戚，常以善人为亲。）

【要点提示】

这章所提到的圣人可说是善人，或是能做到损有余而补不足的有德之人。

第八十章

【原文】

小国寡民

使有什伯之器而不用

使民重死而不远徙

虽有舟舆无所乘之

虽有甲兵无所陈之

使人复结绳而用之

甘其食美其服安其居乐其俗

邻国相望鸡犬之声相闻

民至老死不相往来

第八十章释义　理想国度

小国寡民，
"理想的国度"应是民众不多的小国。

使有什伯之器而不用。
即使有重兵器也无所可用。
（古军法以百人为伯。什伯之器意指要众多人方能使用的重兵器。）

使民重死而不远徙，
使民众重视宁死也不愿迁徙他乡的理念。

虽有舟舆无所乘之。
即使有船只和车辆也派不上用场。

虽有甲兵无所陈之。
虽然有军队却没机会列阵使用。

使人复结绳而用之。
使人民又回到结绳而治、清心寡欲的时代。

甘其食，美其服，安其居，乐其俗。
人民能清心寡欲，粗食亦能变得甘甜，敝衣变为美服，民各安得其居，乐享其俗。

邻国相望，鸡犬之声相闻，

可以看见邻近的国家,也能听到各处鸡鸣狗吠之声。

民至老死,不相往来。
直到老死,民众也不互相往来。

第八十一章

【原文】

信言不美美言不信
善者不辩辩者不善
知者不博博者不知
圣人不积既以为人己愈有
既以与人己愈多
天之道利而不害
圣人之道为而不争

【问题讨论】

经过了老子的磨炼，相信看了这些句子，一定都会懂了。

老师，"信言不美，美言不信"和第五十六章"知者不言言者不知"的句法很像，但老子的解说往往都是出人意料。这句是否可以解释为：信实之言多不美，美好言辞多不信实。或者老子想的又和我们想的不一样？

这个问题也困扰我很久。因为在第十七章和第二十三章讲到"信不足焉，有不信焉"时，老师将其解释为信是一种约定，那就让我们试试从这个角度来注解：

信为一种约定，乃有所为而言故不美。老子的哲理无为、无争、无欲都称得上美言，但却很少人相信。难怪老子在第七十章写道："吾言甚易知，甚易行。天下莫能知，莫能行。"

这个回答真有意思！又和我们想的不一样。最后一句好奇怪！老子不是叫我们要"无为"吗？怎么最后又要我们"有为"呢？这是什么意思？

这个问题问得很好！老子以"圣人之道为而不争"作为下篇《德经》的结尾。奇怪的是，无论《道经》或《德经》多在讲无为，最后却以有为来收场。既然到了最后，那就做个综合讲解。一般多把无为当作什么都不做，例如月亮。事实上还有一种有为也被列入无为，例如太阳，它始终在释放热能，它不能不释放，这是它的本性，虽是有为却也是无为。据此观之，不论有为或无为，只要能顺其本性自然发挥都是无为，这也可以说是无为积极与消极的阴阳两面，这一点一定要留意。老子并不反对有为，例如生而不有，为而不恃，两者都属于有为，关键是要能做到为而不争。

老子认为，若一人独居，自然没有"为"或"无为"的问题发生。但若不是独居，而是生活在群体中，有时还是要有为，这时就要能做到为而不争，其方法就是"人之

所畏不可不畏"，也就是不争。挫己之锐，解人之纷，和光同尘，与天地同行，这些都是老子教我们的为人处世之道。总之能做到无为最好，真无法做到时，老子也建议可以有为，但一定要做到"为而不争"。（详见总论第三部分）

读完《道德经》不知大家有何感想？

老师，好奇怪！读完《论语》，内心能知道今后人生努力的方向。读完《道德经》，却有一种空的感觉，但却没有茫然失落之情，反而觉得内心非常平静。

对了！这就叫作心灵净化，是一种很难得的经历，也是心灵层次的提升。回想一下你们已经走过的人生，能有几次这种空灵满足的感觉？这正代表道已经进入你们的心中，开始扎根，新的生命即将到来。愿道能成为大家的心灵导师，共同写出属于你们自己的"无字天书"。

第八十一章释义　为而不争

信言不美，美言不信。

信为一种约定，乃有所为而言故不美。老子的哲理称得上美言，但却很少人相信。（道家说法。）

信实之言多不美，美好之言辞多不信实。（现实生活的体验。）

善者不辩，辩者不善。

辩者争也。善人不争故不辩，喜欢辩论的人，多为不善之人。

知者不博，博者不知。
自知者之知源自内心，为其所特有，故专而不博。（有自己的创见。）
博学之知多为分别意识或知人之智，非出于内心自得之知，故曰不知。（没有自己的创见。）

圣人不积，既以为人己愈有。
圣人不积存财货，己愈为人己愈有。

既以与人己愈多。
将财物分赠与人，自己反而得到更多。

天之道利而不害。
天之道有利于万物而无害。

圣人之道为而不争。
圣人之道，顺从天意，为而不争。

【要点提示】

开讲之初曾和大家说过，老子心目中的圣人，究竟是什么样的人，留待最后再和大家讨论。现在该是揭秘的时候了！

"圣人之道为而不争"正好也是全书的最后一句。请大家回想一下，老子所讲的圣人到底是谁？君王、诸侯、隐士、儒家圣人或是寻常百姓？其实老子所期待的圣人和

儒家、佛家的圣、佛都是一样的，都主张人皆可以为圣。只是各家的要求不同罢了。只要能法天地有成者，都是老子心目中的圣人。但是圣人再好也无法替代他们的老师"天地"，因此老子主张绝圣弃智。这并不代表圣人不好，而是要大家向更好的学习，法圣只能算是模仿学习的起步，其最终目标则为法天地而创新。

道是一切生命之源头，也是思想的源头。任何思想与道家思想结合，都会产生新的生命。儒家与道家结合，产生了宋明理学；佛家与道家结合，诞生了禅宗。试想现代教育与道家结合，将会出现一个什么样的新世纪？甚盼！

这是老子交给中华儿女的传承使命，盼大家都能以此共勉！

总 论

一、老子宇宙论

神秘的宇宙是如何形成的,始终是人们想知道的事。不少学者也提出过各种不同的看法。一般在探讨宇宙的起源时,多以"无"作为天地之始,有了"无"才会生"有"。故曰:"无极而太极,太极生两仪,两仪生四象,四象生八卦。"太极有如第一个细胞,细胞的分裂,正好符合此一规律,由一生二,二生四,四生八。至于如何从无极而太极的具体变化,常略而不言。《道德经》中提到无极,却未曾言及"太极"等词句。由此也能看出,老子特别重视无极而太极,由无生有的这个阶段,而不是太极生成以后之变化。

宇宙虽为无限,但也有其生成的原理原则。老子试着先找出此一宇宙的原理,进而将此法则运用到万事万物,从而写出《道德经》。因此要想了解《道德经》,就必须先知道老子的宇宙和生命起源论,否则很难读懂。首先要确定老子的宇宙论起自何处及其范畴。笔者认为老子主要是在探讨生命的起源,而非物质的起源,因此一切从天地尚无生命之时开始。至于无生命之前的天地物质基础是如何形成的,就不属于老子探讨的范畴了。具体地说,当时的天地有如现今的月球世界。它由月球实体和真空组成,此时都还没有生命。如何才能让月球上有生命,正是当今

科技界的热门话题。老子接纳天地初始物质就存在的事实，故不去探讨其来源，直接探讨生命的起源，从而写出了《道德经》。其范畴仅言及域中四大之事，而不涉及域外之日月星辰。也就是以我们所在的地球为基础，指出其范围和生存的法则，域中有四大：道大、天大、地大、王亦大。人法地，地法天，天法道，道法自然。

　　这句话的意思是说，在某一个区域内包含着四大：道大、天大、地大、王亦大。此王的意思就是代表，地球上一切有生命事物的统治者即人，人类除了能自己繁衍生命外，还能创造有限度的生命。例如吹笛声响，不吹则不响；风箱不推拉则无风，此皆人所能创造的有限生命。人因为能创造，故亦可曰人亦大。至于"域中"是什么意思，老子并未明言。仅在下一句提到："人法地，地法天，天法道，道法自然。"那就由四大变为五大，即人、地、天、道和自然。由此就产生了一个问题，自然到底是什么？存在于何处？在域中还是在其他地方？

　　域中有四大，按其分布的情况大致说来，最外层是保护地球整体的大气层，再就是空气，此两者可以合称为天。地指的是地上地下的物质世界，就是国人常说的金木水火土"五行"。人代表动物世界，天上飞的，地上地下爬的和水中游的各种动物均属动物世界。由于人类也能发明创造，故被特别选为动物的代表，也列入四大的范畴。那道是什么？存在于何处？道就是生命的泉源，地球上的天、地、人都具有生命，因此可以确定，道也在四大之中。

　　如此看来，自然不在域中而是在域外，那又该如何解释？那就是说，还有一样比道更玄的自然存在，它也是道所要效法的，它到底是什么？就让我们先来探讨地球是如何形成的。

　　刚开始的地球可能和现在的月球一样，有天也有地，

但此时的天地尚处于地寒冻、天真空的无生命状态。设想地心内能自己形成核聚变，或是附近有个太阳提供辐射热源，把地球上的寒冰融化成水。水受太阳之辐射后，形成天和大气层来保护地球。据此来推测地球上的四大起源：首先是有太阳的辐射穿过真空，来到地球。此处之辐射犹如道，水只是媒介，辅助道形成大气之天（道生一），天辅助道赋予大地生命（一生二）。道运行于天地之间，地上万物得以始生（二生三）。万物自身滋养繁衍，是谓三生万物。故在第四十二章中提到："道生一，一生二，二生三，三生万物。"

　　道既有可能是种辐射的热能，那道法自然中的自然，就可顺理推出其名为太阳。由于太阳不在地球之内，故未列入域中四大。太阳和道的关系正如道与德的关系一样。道居于器物之外，一进入器物就叫作德。太阳居于地球之外（域外），得名为太阳，其辐射一经进入地球，就不再叫太阳而叫作道。如此就能分辨域中和自然之不同。域中指的是包含道、天、地、人在内的整个地球，自然则不包括在其内。自然不在域中而在域外。《说文》："自，始也。""然，烧也。"太阳之辐射，自有永有，是一个能自然燃烧的物体，始终燃烧不尽，为道所师法。自然处于域外无争之地，故不与物争。对待万物始终如一，无为、无欲、不争。生而不有，为而不恃，功成身退，故为道所师法，是域中四大之总源头，是谓众妙之门。这个推测正好与古人两三千多年前的说法不谋而合。

　　至今中国发现最古老的宇宙物质、生命形成的理论，得自考古挖掘出土的两件道家文物，合称为郭店竹简，是约在两千三百至三千年前的文物，也是中国目前发现最古老的竹简书，一为《道德经》，一为《太一生水》，惜未留下作者姓名。《太一生水》竹简中就记载了古人对宇宙

生命起源的看法：

"太一生水。水反辅太一，是以成天。天反辅太一，是以成地。天地复相辅也，是以成神明。神明复相辅也，是以成阴阳。"

"太一生水"之太一可以解释为道，水则为媒介，故曰生而不曰成。"水反辅太一，是以成天（道生一）。天反辅太一，是以成地（一生二）。天地复相辅也，是以成神明（二生三）。神明复相辅也，是以成阴阳（三生万物）。"这就是中国出土的最古老的宇宙生命起源论，也可看作对老子宇宙论的最佳注解。

最有趣的是两本竹简中都避而不用日字，而分别用自然和太一来代替众妙之门太阳。从考古发掘中，我发现了一个特别有意思的图片（见下页图）。这幅图片提供了一个全新的线索：上古之时人类看见天上有两个大发光体，分别掌管昼夜，名为日月。由于古人尚不知道月亮不会自己发光，而全是靠反射太阳光，因此以为它们都是自己会发光的实体。据此而言，古人认为凡是自己能燃烧发光的物体，都叫自然，故自然者日月是也。从下面这幅最古老的汉字图案中所画出的日、月和光（或是火），我们可以推测，这就是古人心目中的自然，是道家的至高信仰，中国信仰的图腾：道法自然！

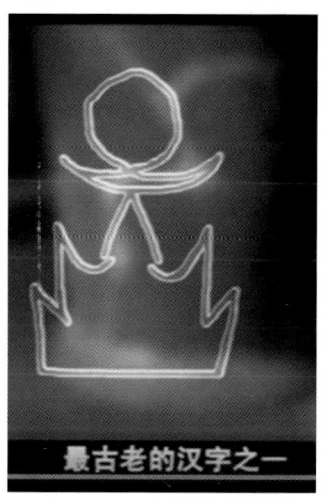

（出自网页"汉字五千年"）

太一若居于域外是谓太阳，居于域中是谓道，所谓同出而异名。老子心目中的自然，指的是什么？从这幅图案来看，应该指的是日月，而不是单指太阳。这就可以说明，为什么老子用了自然而不用太阳。我们现在知道，月亮不会发光，而是反射了太阳的光。据此推断，老子之自然其实指的就是太阳，只是当时不知道，月亮不会发光罢了。更有意思的是，这幅图案特别表现出中国文化与其他文化不同的地方。例如基督教和伊斯兰教等都是一神教。也有些民族以太阳或月亮为其唯一真神，当然也有信奉多神教的民族。一神教相信真理，追求唯一，易起纷争；中国则信奉日月，追求日月同光，天地同和。正是因为中西对自然的认知不同，而形成不同的民族性。以日月为我们的信仰，可能就是国人爱好和平的源头。

二、老子生命起源论

　　现代科学家多主张宇宙的生成源于大爆炸,故其初始呈现出一片混沌。(第二十五章:有物混成,先天地生。)这种现象老子认为正因天地尚未得一(道),故呈现混沌、裂发现象。(第三十九章:天得一以清,地得一以宁……天无以清将恐裂,地无以宁将恐发。)道运行于此混沌未开之世界,先分化出天地,然后才有生命的诞生。

　　以上所谈论的可以说是宇宙形成的原理原则。根据同样的道理,老子又提出他对生命起源的看法。其理论的依据如下:

　　道生一,一生二,二生三,三生万物。万物负阴而抱阳,冲气以为和。(第四十二章)

　　道生之,德畜之,物形之,势成之。(第五十一章)

　　惚兮恍兮其中有象,恍兮惚兮其中有物,窈兮冥兮其中有精,其精甚真,其中有信。(第二十一章)

　　上面已经谈到过自然与道的关系。在谈生命起源时就必须谈到道与德的关系。

　　什么是道?道为天地之始、天下母,万物生命之源头。道以一种类似神灵的方式存在于地球世界中,只要这种灵进入到尚无生命的器物形体内,就能创造出新的生命。道就是万物生命的泉源,故曰万物源于道。道常处于盈满状态,因其盈满,故能损有余而补不足,如此方能化生万物。

　　"道生一,一生二,二生三,三生万物。万物负阴而抱阳,冲气以为和。"

　　此理既可从"有"的外在变化来诠释,也可以从"无"的内在变化来诠释。前者已经在第四十二章中讨论过了,现就谈谈其内在"无"的演变过程,也就是道如何化生为德,德如何化生为信的全部过程。

道生一：道如何化生万物？道与气（天）冲合，进入万物形体内（地），就化生为德。万物得到了德，就得到了生命。道和德有何不同？道在进入形体之前，可称为道，但一进入形体之后，就不能再称为道，而更名为德，故曰："此两者同出而异名（第一章）"。道的本质也在此时产生了根本上的变化，从原本具备化生万物的功能，转变为畜养万物，从原本盈满的状态转变为不盈满，所谓功成身退。故曰："道生之，德畜之。"此一重大的变化就是整个"道生一"的过程。道生一，此一即为德，德乃是道合天地之大成。

一生二：一者德也，二是指德如何在形体内创造出繁衍生命所需要的精子和卵子。老子在二十一章中为我们解说了此一奥秘，并以男性为例，说明德在人体内是如何畜养出精子的，同理可以推知女性卵子是如何形成的。

首先是道之为物（即德）进入形体后，仍然处于惟恍惟惚"无"的状态，接着就出现惚兮恍兮的"象"（德在体内与天象结合而成气，到处游走），渐渐形成恍兮惚兮的"物"，此物乃是生命最原始最微妙的雏形，在阳为精，在阴为卵。精（卵）中则含有繁衍生命所需的各种要素。"其精甚真，其中有信"说明此时德已经进入精（卵）中，故而更名为"信"，此"信"即为德之化身。由此可证，一者德也，二者信也。"一生二"就是指德进入精（卵）中，化为真精（真卵）。

道进入实体名之为德，是谓"道生一"。德进入实体（精、卵）名之为信，是谓"一生二"。简而言之就是道生德，德生信。道、德、信三者皆为"无"，这就是生命起源中"无"的变化，也就是老子的"三位一体论"。

二生三：那二又是如何生三的呢？也就是说新的生命是如何产生的。首先要知道，德只能在形体内畜养生命，却不能在形体内创造生命，因为创造生命是道的责任，与

德无关。精卵单独都无法繁衍后代,唯独结合在一起才能创造出形体,先决条件是男女合体,这一切都发生在体内而非在体外。当卵与精结为一体时,老子称其为"负阴而抱阳"。何以言之?卵为外围实体为阴,精为阳,阳精被阴卵包在其中,此乃阳背负着阴,阴怀抱着阳,故曰"负阴而抱阳"。

　　受精卵逐渐孕育出胎儿,直到胎儿成熟落地来到人间,德的工作至此告一段落。这时的婴儿仅为形体,尚无生命,接下来就看道是如何创造生命的。若此时道不将德冲入婴儿体内,婴儿就无法存活。若道在此时把德冲入婴儿体内,此即"冲气以为和",婴儿就会发出长啸,宣告"得道了",新的生命由此诞生!这就是德创造形体与道创造生命的整个过程,也就是说道与德从古至今从来没有离开过我们,始终与我们和光同尘地生活在一起,更是无休止地在创造万物。新生命的诞生谓之"二生三"。如此代代相传,绵延不断,是谓"三生万物"。万物各依其道繁衍生命,生生不息,永无休止,即所谓"势成之"。

　　以上就是老子的生命起源论:"道生一,一生二,二生三,三生万物。万物负阴而抱阳,冲气以为和。"生命是从无到有、由内向外发展的整个过程。

　　在自然之中,道、德、天、地、人相互作用,从而产生无穷的变化,这就是老子的宇宙生成和生命起源论。其后又规划出万物生存的法则:人法地,地法天,天法道,道法自然。这就完成了中国的创世理论。据此法则又为人类提供了具体实践的方法:法天地不言之教,无为治物,无欲镇己,无争处世。这就是《道德经》全书的概要。

三、无为而无不为

无为往往被解释成无所作为,任其自然发挥。可是在《道德经》中经常出现有为的字句,令人无所适从,例如"道生之,德畜之""生而不有,为而不恃""为而不争"等都谈到有为,为何老子却主张无为?让我们试着从《道德经》中找出老子无为的原始旨意。

老子主张人法地,地法天,天法道,道法自然,据此我们可以推知,老子的无为就是以日月为典范归纳出来的行为法则,道天地人和万物都应当遵循,这个法则老子称之为自然无为,自然者日月是也,也就是日月无为的意思。那日月如何实现无为?我们可以将其分为两类:"动的自然无为"和"静的自然无为"。

动的自然无为:

例如太阳始终在燃烧自己释放热能,它不能不释放,这是它的自然本性。若反其道而行,突然不燃烧了或爆炸了,那才算是太阳的有为。据此观之,太阳若不燃烧发光或爆炸了才是太阳的有为,若发光发热就是太阳的自然无为。依据阳动阴静的原则,可以将太阳发光发热的现象称为"动的自然无为"。这也是为什么世人常把此误解成有为的关键。

静的自然无为:

自然无为的第二个例子就是月亮,由于它自己不会发光,而是借着太阳的光照,反射出亮光,照亮夜晚,这就是月亮的无为本性。若它有为就会自己燃烧发光,如此一来可能会危及地上的生命。月亮虽然无为,但其反射的光亮却成了夜晚的一盏明灯,支配万物夜晚的生活。就月亮本身而言是无为,但对万物而言却是有为,因此月亮所做的一切也可以称为"静的自然无为"。这种无为就是世人所了解的无为,不容易产生误解。

了解了动与静的两种自然无为的定义后，就可以进一步分析何谓无为而无不为。

当"动的自然无为"（日）和"静的自然无为"（月）两者结合成为一体时，就创造出无为而无不为的理想世界。此即本书的中心思想，也是自然给我们的不言之教。老子在第二十五章中把人也列为四大之一，原因就是人类也能创造出有限的生命，而日月天地则能创造恒久的生命。现列表于后，来阐释老子无为而无不为的哲理：

动的自然无为＋静的自然无为＝无为而无不为

日动　　　　月静　　　　光照世界
天动　　　　地静　　　　生成万物

人类依据此理也能创造出有限的生命：

水动　　　　车静　　　　水车磨坊
风动　　　　车静　　　　风车磨坊
人动　　　　琴静　　　　奏出音乐

老子的有为与无为的区别，不能单从字面来分析，而要根据万物的自然本性和结果来区分。凡能顺其本性自然发挥的都可算是无为；反其自然本性之所为，都可称为有为。有为或无为都只是一种行为方式，其目的是要能做到无为而无不为。因此我们也可以从结果来定义有为与无为的区别：凡是能做到无为而无不为的行为方式，均可谓之无为；反之，无法达到无为而无不为的行为方式，均可称为有为。

无为而无不为所谈论的多是人与物之间的关系，却不能完全适用于人际关系，因为人都会有嫉妒心，因此老子才提出功成而弗居、为而不争的解决之道，故曰："道生之，德畜之……生而不有，为而不恃，长而不宰，是谓元德。"

总而言之，老子赞同动与静的自然无为，心态要能做到为而不争，结果要能达到无为而无不为的效果。若能从

问答道德经

这几个观点来解读老子的无为,虽不中亦不远矣!

庚子年九月八日　得稿　于兰轩

图 例

野渡无人舟自横　　作者：李筱孙

  万物成形的三个阶段是：由无生象，象生形。国画也据此哲理发展出三个基本要素，即留白、墨趣、书法线条。传统国画以线条为主，现代国画则以墨趣为主。墨趣源自水，老子也赞扬水"几于道"。水的特性乃遇平则止，不平则流。作画于平面桌上，容易形成浓墨重彩，厚重线条，这是绘画的常态，绝大部分的画家都是如此作画。

  国人常以为国画重视临摹，不重视创新。苏东坡为国画创新下了一个很好的定义："反常合道谓之趣。"筱孙先生深识其理，作画时将宣纸钉于墙上（反常），水墨自然从上而下渗化（合道），从而形成其特有的清韵风采与轻盈线条，展现出一派道家的飘逸情趣。

霜叶红于二月花　　作者：李筱孙

　　画论中常提到笔外之笔、意外之意、笔愈简气愈壮等术语，这幅画就是最好的例子。2000年我邀请李筱孙先生来德国举办个人画展。我问他，为何在画中画了一只老虎？他说，山水画怎么会有老虎。我就从河右边的阴影开始，往左延伸到站立之人处，勾画出虎背。然后顺着霜叶攀升，忽见虎脖子扭转，虎头往右回看，老虎之口、眼、鼻、耳隐隐出现，一只活生生的"溪中虎"跃然纸上。画家也吓了一跳。我问，能再画一张吗？他说："此乃笔外之笔、意外之意的作品。若有意画虎，则反类犬矣！"

秋馨　　作者：房新泉

　　国画技法变化多离不开墨趣、书法线条和留白。这幅作品以墨趣为背景，彰显出秋意；大笔挥洒出书法线条，表达出村舍栅栏；巧妙地利用留白点化出丰盛的生命——两只鸡；从鸡的神态流露出画之主题——秋馨。德国画家问，是否在鸡四周用防水透明颜料描出外形后才泼墨？画家说："那是画匠所为，不足为道。画家之道在于得心应手，浑然天成。"

沙鸥闲弄夕阳天　　作者：房新泉

绘画可分三个层次：画不像、画得像、不画像。图中飞舞着数只鸟，近看方知此鸟非鸟，有眼无头，翅膀用水墨连成一片无法分辨，到底有几只也数不出，唯从其飞舞神态能意识到鸟儿戏耍夕阳的情景，这就叫作"画意不画像"。也就是道家的不言之教："得意则象忘，入理则言息。"

新雨　　作者：房新泉

　　这幅作品只画了三片无柄荷叶和两朵造型奇特的荷花，就能展现出一种生意盎然的荷塘情趣。
　　感谢胡轩昂先生提供以上这些"反常合道"的情趣作品。

Carla Wiechert・Steenberg（史玉山）

作者：柳毅

  好的人像作品很多，但能画到如此气韵生动的境界却不容易。画家未打底稿，直接用宽笔在两小时内完成了这幅"笔愈简，气愈壮"的湿画作品。

问答道德经

湿画绘制的三个阶段：象、显像、实景　　作者：刘寿祥

湿画制作可分为三个阶段：一为象，二为显像，三为实景（见上页图）。在第一、二阶段最为困难，此时空气与水始终在不停地渗化，变化万千特别迷人，正如张大千先生所言"笔补造化天无功"。此时一定要上重彩，因为后期作画需要经常喷水，越喷色彩越淡。这幅画共用了三天才完成。

"画得像"艺术的再生——湿画法

西方绘画艺术受到照相技术发明的影响，画家都开始寻找新的画法，以往大家都追求画得像，如今却崇尚"不画像"。当时英国有位大画家叫威廉·腾乐（William Turner），有位评论家问他，如何才能画出"不画像"的作品，他提出两种解决方法：用较厚的纸作画，然后从画好的画上撕去某些部分，使画面产生焕然一新的效果；另外一种方法是在刚完成一幅水彩画时，把画放入水中浸泡后取出，就能产生许多特殊效果，但缺点是不易控制。后来他把湿画法朦胧的效果绘成油画，成为印象画派的先驱，开创西方现代画之先河，但西方至今也无人能把油画那种细腻的画法，运用到湿画上。

水彩画中有所谓的干与湿两种画法：干画法就是一般常见的水彩画法，线条造型都容易控制；湿画法就是在正反面都打湿的纸上作画，笔墨线条很难掌握。湿画法与中国意笔水墨画有许多相似的地方，但也有不同之处。湿画法有时间上的限制，纸上的水分会被蒸发逐渐干去，画纸干后既不平整又不能渗化，无法产生湿画的效果，只能作干笔画。从湿到干这一过程，大约二至四小时，全看空气中所含的水分多寡而定。换句话说，画家必须要在二至四小时内画完一幅画，因此只能画出类似国画的写意画，却画不出油画那种细腻的效果。

刘寿祥教授曾在湖北美院主修国画，以优异成绩毕业并留校任教。可是当时没有国画教师的缺额，仅有水彩画种，他就开始教授水彩画。那时他也遇到湿画法的困扰，但也体会到湿画法特殊的艺术性，唯一的缺陷就是水分干得太快。为解决此一难题，他把国画装裱的方法与湿画结合，先把画纸全打湿后开始作画，依据纸的湿润情况适时喷水，延长作画的时间。但到了晚上没人喷水，纸会变得干、皱，他就在画的周边贴上胶纸，把画固定在木板上。如此一来画不但不变形反而更平整，等下次作画时，重新喷湿就能继续画。如此一来随时可以作画，不再受时间的约束，克服了湿画法最大的瓶颈，他由此画出那特有的湿润与细腻的效果，创造出世界上独一无二的刘氏水彩画风，成为国内水彩领军人物。

　　自照相技术发明后，西方传统绘画就处于停滞状态，要想在"画得像"的领域中再跨出一步犹如登天。如今刘寿祥教授创造出新的画风，为世界水彩画奠定里程碑，这是历史性的创举，值得载入史册。